빵 터지는 건배사

빵 터지는 건배사

초판 1쇄 인쇄 ㅣ 2018. 01. 20.
초판 1쇄 발행 ㅣ 2018. 01. 30.
지은이 ㅣ 이란우
발행인 ㅣ 황인욱
발행처 ㅣ 도서출판 오래

주소 ㅣ 서울특별시 마포구 토정로 222, 406호
이메일 ㅣ orebook@naver.com
전화 ㅣ (02)797-8786~7, 070-4109-9966
팩스 ㅣ (02)797-9911
홈페이지 ㅣ www.orebook.com
출판신고번호 ㅣ 제302-2010-000029호

ISBN 979-11-5829-039-9 (03320)

이 도서의 국립중앙도서관 출판예정도서목록(CIP)은 서지정보유통지원시스템 홈페이지(http://seoji.nl.go.kr)와
국가자료공동목록시스템(http://www.nl.go.kr/kolisnet)에서 이용하실 수 있습니다.(CIP제어번호: CIP2017034408)

김대리가
사장님께 추천하는

빵 터지는 넌센스

저자 이란우

圖書出版 오래

원치 않는 술자리에 참석하는 것만큼 고역이 없다. 거기에 건배제의까지 요구받는다면 더 큰 곤혹이다. 피할 수 없으면 즐기라고? 그것도 체력이 어느 정도 받쳐주고 입담 밑천이 두둑해야 가능하다.

그럼 술 못 마시고, 입 무거운 사람은 어떡하란 말인가? 술자리는 피하면 그만이다. 그러나 어디 세상사가 마음먹은 대로 되던가? 사이다라도 한 잔 마시라는데 그것까지 거절할 수는 없는 일이다.

그러다보면 자연히 술 마시는 사람들과 어울릴 수밖에 없다. 건배제의 역시 마찬가지다. 특히 행사장에서의 건배제의는 음주자와 비음주자를 가리지 않는다.

친구들로부터 '건배구호 하나 보내 달라'는 다급한 문자

를 자주 받곤 했다. 그것도 퇴근시간 임박해서. 급한 대로 생
각나는 구호를 보내주긴 했지만 그럴 때마다 떨떠름한 느낌
을 떨칠 수가 없었다.

어디서 튀어나온 지도 모르는, 본디 없는 건배구호를 소
개하면서 설명은 충분했는지, 이해는 했는지, 미심쩍었기 때
문이다. 특히 모임의 성격을 알 수 없는 상태에서 내가 보내
준 문자가 과연 홀대받지 않고 제대로 역할을 해낼 것인지 조
금은 불안하기도 했다.

그래서 다소 장황하지만 설명까지 포함한 건배사 전문을
만들어서 보내주기 시작했다. 요즘처럼 SNS를 통한 소통이
활발한 시대에 이런 자료쯤 서로 주고받는 게 뭐 그리 어려운
일인가? 그랬더니 친구들의 반응이 생각보다 호의적이었다.
그 칭찬에 힘입어 이 책을 엮기로 했다.

기자, 공보관, 비서실장, 그리고 이사장으로 재직하면서 많은 정·관계 사람들을 만났다. 이들과 어울리면서 주위들은 건배사, 그리고 기관장으로 재직하는 동안 직접 구사했던 건배사들을 묶었다.

구성상 필요한 유머들은 주변 사람들의 실화를 재구성한 것도 있지만 대부분 인구에 회자되는 것들을 자료로 활용했으며, 이 책을 쓰기 위해 일부러 인터넷을 뒤져 찾아낸 유머도 적지 않음을 밝힌다. 특히 삼행시, 사행시 등의 구호는 각종 사이트에서 찾아온 것들이다.

따라서 이 책에 실린 건배사들은 창작물이라기보다는 이미 알려진 이야기들을 각색한 것이므로 감히 저자라는 말을 쓰기가 부끄럽다. 어쩌면 모은이 또는 엮은이라고 해야 더 옳은 표현일지도 모르겠다.

지난 10월, 유례없이 길었던 연휴가 이 책을 만드는데 큰 도움이 되었다. 비교적 짧은 기간에 책을 완성할 수 있도록 자료를 챙겨준 솔밭도서관 최나은 양과 소재로 활용하라며 자신의 속내를 털어놓은 봉혁, 병석 친구에게 감사의 말을 전한다.

2017년 12월
이란우

:: 누군가의 일화로 시작하는 건배사

:: 건배구호 모음

건배사의 전설(前說)
짧은 연설을 위한 긴 설명

당신을 보여줄 수 있는 시간은 단 30초

건배사는 약인가, 독인가?

건배사는 상대, 또는 대중에게 전하는 자신의 메시지다. 짧은 시간이지만 청중의 집중도가 높기 때문에 그 어떤 메시지보다 전달력이 강하다. 따라서 잘 못하면 안 하느니만 못한 것이 건배사다. 누구에겐 독이 되고, 누구에겐 약이 될 수 있는 것이다.

언제 어디서 맞닥뜨릴지 모를 건배제의를 언제 어떻게 다가올지 모를 기회로 여겨야 한다. 주어진 30초가 당신의 운명을 바꾸는 시간이 될 수 있다. 갑자기 내 손에 건네진 마이크를 붙잡고 당황하면 때는 이미 늦다. 기회는 준비하고 기다린 자에게 결실을 안겨준다.

건배사도 진화한다. 한때 크게 유행하던 건배사도 얼마 지나지 않아 케케묵은 구닥다리가 되고 만다. 일상이 디지털화 되는 과정에서는 그 속도가 더욱 빠르다. 시대에 뒤처지지 않기 위해서는 새로운 건배사에 귀 기울일 필요가 있다.

삼행시로 대표되는 건배사는 지금도 수없이 만들어지고 있다. 문맥이 맞던 안 맞던, 맞춤법 같은 건 상관없다. 그저 우습고 재미만 있으면 생산되고 확산된다. 그러나 이처럼 급속도로 변화하는 환경에서도 생명력을 잃지 않고 꾸준히 빛을 발하는 장르의 건배사가 있다. 바로 '스토리 건배사'다.

'스토리 건배사'는 대중성이나 보편성과는 거리가 좀 멀다. 흔히 쓰는 삼행시만으로는 훌륭한 '스토리 건배사'를 완성할 수 없다. 반드시 감동을 자아낼 수 있는 독창적 스토리가 있어야 한다. 주관적 경험이나 생각을 토대로 만들어낸 건배사가 여느 건배사보다 큰 울림을 전하는 건 이 때문이다.

진솔함도 건배사의 완성도를 높이는 한 요소다. 자신의 속내를 얼마만큼 드러내느냐가 감동의 무게를 결정하는 경우가 이에 해당한다. 자신이 살아온 이야기를 꺼내거나, 현실의 어려움을 대중에게 밝히는 게 결코 쉬운 일이 아니다. 누구에게나 시련의 시간이 있고, 고통의 과정이 있지만, 누구 하나 그 말을 꺼내고 싶은 사람은 없다.

그러나 한 가지 잊지 말아야 할 것은 '누구에게나 약점이 있고, 실수한 경험이 있다'는 것이다. 누구나 이미 경험한 바가 있거나, 또는 앞으로 경험할 수도 있을 법한 이야기가 감동의 공통분모를 키우는 작용을 한다. 자신의 약점을 드러내 성공의 발판으로 삼은 사례가 적지 않다. 바보연기로 성공한 개그맨은 자신의 신체적 약점을 웃음의 소재로 활용하는데 주저하지 않는다. 못생긴 얼굴로 먹고 산다고 해도 과언이 아닌 개그맨이 어디 한둘이던가?

성공한 건설회사의 사장이 "차마 굶을 수 없어 시작한 것이 건설현장 막노동이었다."고 했을 때 성공은 더욱 빛이 난다. 여기에 한마디 더 보태어 "고아인 나를 거두어주신 분이 바로 우리 회사의 창업주이십니다."라고 말하고 "그 분을 위해 잔을 듭시다."라고 했다면 듣는 이들의 반응은 어떠했을까?

사람들은 겸손한 사람의 말에 귀 기울인다. 강한 척한 사람의 말은 의심하기 마련이다. 행사장에서 주저리주저리 자신을 소개하는 사람치고 변변한 직함이 없다는 건 세상 사람이 다 아는 바다. 한 회사의 부장이 "저는 참 복이 많은 놈입니다. 복덩이 여러분들을 사랑합니다."하면서 "제가 '복을' 하면 여러분은 '지키자'로 화답해 주세요."라고 했을 때 과연 기분나빠할 부서원이 얼마나 있을까? 부하직원들을 복덩이로 표현한 부장의 말 한 마디에서 겸손의 자세와 따뜻한 마음이 물씬 묻어난다.

진솔함과 감동만이 건배사 요건의 전부는 아니다. 여기에 재미가

더해지면 효과만점이다. 먼저 울리고 나중에 웃기는 연사가 최고의 연사라고 하지 않았던가? 거기에다 드라마틱한 반전까지 얹어주면 그야말로 금상첨화다. 친구 결혼을 축하하는 자리에서 "난 어젯밤 친구가 걱정돼서 한 숨도 잠을 이루지 못했습니다."로 운을 떼운 다음 "친구야, 이 세상에 ☆☆씨보다 돈 많고 예쁜 여자는 얼마든지 있다. 지금이라도 늦지 않았다"며 분위기를 다운 시킨다. 그런 다음 "그래도 굳이 이 여자밖에 없다고 생각한다면 이 자리에서 네 마음을 보여줘."라며 멋진 프러포즈를 유도한다. 이때 친구들은 자연히 "뽀뽀해! 뽀뽀해!"를 외치지 않을까?

삼행시처럼 해설이 고정화 된 경우가 아닌 이상 문장이 정해진 건배사는 없다. 따라서 특정한 사례를 들어 좋은 건배사라고 제시하기도 쉽지 않다. 제의자의 직위나 경력에 따라, 또 상황이나 분위기에 따라 생략 또는 첨언되어야 할 말이 얼마든지 있기 때문이다.

그러나 이왕 건배사를 쉽게 접해보려고 이 책을 펼친 독자들을 위해서 되도록 즉시 활용이 가능한, 그것도 응용이 쉬운 건배사를 이 책에 소개해 보고자 한다. 아울러 아직도 생명을 다하지 않고 이 세상을 떠돌고 있는 삼행시들도 다시 모아서 정리한다. 조금이라도 도움을 드리고 싶어서다.

사람들에게 즐거움을 주는 사람이 있다. 언제 어디서든 그런 사람을 반기는 건 인지상정이다. 독자들이 그런 사람이 되었으면 좋겠다.

이 책을 읽은 독자들이 어느 자리에서건 분위기 메이커가 되기를 바란다.

알쓸잡(알아봤자 쓸데없는 잡학)

인천 앞바다의 사이다도 잔이 있어야 마신다. 술의 역사도 잔의 역사와 여정을 같이 했을 것이다. 액체로 된 음식을 먹기 시작하면서 잔이 필요했을 것이며, 이 잔으로 말미암아 건배도 시작되지 않았을까?

그럼 건배는 왜 하게 되었을까? 첫째는, 제사에 참여한 사람들이 신에게 바쳤던 술을 나눠 마시면서 시작됐다는 종교설이 있다. 둘째는 기사도적 발상인데, 술에 독이 들어있지 않다는 것을 확인하기 위해서 잔을 부딪쳤다고 한다. 잔이 마주치면서 넘치는 술이 자연스레 잔을 넘나들었을 것이다. 단숨에 마시지 않고 처음에는 입술만 댔다가 이내 목을 넘기는 이유가 이 때문이란다. 동양에서도 건배의 역사는 아주 오래인 듯 보이는데, 기록에 등장하는 건 삼국지다. 조조가 유비에게 술을 권하는 대목을 건배제의로 해석하고 있다.

　세계 각국의 술꾼들이 술 마실 때 외치는 구호를 살펴보면 '사람
사는 건 어디고 똑 같다'는 생각이 든다. 먼저 중국이나 일본은 우리
와 같이 건배(乾杯)라는 단어를 쓰고 있는데, 중국에서는 '간뻬이',
일본에서는 '건빠이'라고 한다.

　영국, 미국, 캐나다 등 영어권에서는 잘 알려진 대로 '기분 내라'
고 해서 '치어스(Cheers)' 또는 '치어 업(Cheer Up)'을 주로 쓰고,
잔을 완전히 비우라고 할 때는 바텀즈 업(Bottoms up)이라고 한다.
독일에서는 축배라는 뜻으로 '프로지트(Prosit)'라는 구호를 외치는
데, 잔을 들어서 가슴에 대고 상대방의 눈을 응시한 다음 한 번 더
술잔을 눈높이에 맞춰 마신다고 한다.

　스칸디나비아 사람들은 '스콜(skl)'을 구호로 쓰는데 역시 '건강
을 위해서'다. 옛 바이킹들이 적의 두개골을 잔으로 이용한 풍습에
서 유래했다고 한다. 이때 상대방을 째려보듯이 바라보는 게 특징
인데, 상대방이 무기를 소지하고 있는지, 또는 적의를 품고 있는지
살펴보기 위해서라고 한다.

　프랑스에서는 '브라보' 아니면 '아 보트르 상떼(A Votre Sante)'
라고 하는데 이 역시 '건강을 위하여'라는 뜻이다. 술 좋아하는 러

시아 사람들도 잔 부딪치는 걸 즐기는데 건강을 빈다는 뜻의 '스하로쇼네 즈다로비예'를 구호로 외친다.

그리고 스페인 사람들은 건배할 때 '샬 루트 아무르 이페세 타스(Salud Amor, Ypes estas!)'라고 다소 긴 문장을 읊는데 '당신의 건강과 사랑과 돈을 위해서'라는 뜻이란다. 에스키모인들은 '이히히히히', 하와이에서는 '오코레 마루우나'라고 소리를 지르면서 마셔댄다.

이처럼 세계인들이 술 마시면서 가장 먼저 챙기는 건 아이러니하게도 건강이다. 건강을 위해 술을 마셨다니, 술이 건강에 나쁜 건만은 아닌 모양이다. 하기야 적당한 음주가 건강에 도움이 된다는 학설은 현재 우리나라 의학계에서도 유효하다.

그럼 우리나라에서는 건배사가 언제부터 유행했을까? 솔직히 그 유래는 알 수 없다. 그냥 김삿갓이라고 해도 좋고, 세종대왕이라고 해도 무방할 듯싶다. 여기서 언급할 내용도 아니고, 어차피 알아봐야 쓸데없는 잡학이니까.

적취귀가適醉歸家(적당히 취해야 집으로 돌아간다)는 세종대왕이 한 말이고, 불취불귀不醉不歸(취하지 않으면 돌아가지 않는다)는 영조의 말이라고 하는데 믿거나 말거나다. 이순신 장군이 남긴 말이라고 하는 것도 그럴 듯하다. 이족사 사족생二足死 四足生(두 발로 걸으면 죽고, 네 발로 걸으면 산다).

지금은 건배사의 유래를 아는 게 중요한 것이 아니고, 다가올 저녁 술자리에서 '어떻게 분위기를 띄우고, 스타가 될 것인가'가 더 중요하다.

달달 외워두라

알쓸잡(알아봤자 쓸데없는 잡학)은 알 필요도 없고 잊어도 되지만, 자기가 활용하고 싶은 문구만큼은 반드시 머릿속에 넣어 두어야 한다. 특히 대중을 상대로 활용하고자 한다면 온전히 자기 것으로 소화한 다음 써먹어야 실수를 줄일 수 있다. 기억에만 의존했다가는 망신당하기 십상이다.

어디서 얻어들은 유머를 다음에 나도 한번 써먹어야겠다고 생각은 하지만 이를 활용한 사례는 많지 않을 것이다. 한바탕 손뼉을 치며 웃고 즐겼지만 일부러 외우지 않는 한 웬만한 기억력으론 이를 재활용하기가 쉽지 않다. 열 개 들어서 두 개 써먹을 수 있으면 다행이다.

무조건 외워둬라.

매일 쓰는 자기 휴대폰 번호도 기억이 안 날 때가 있다. 아무리 달변가라도 한두 번은 무대 앞이 캄캄해지는 경험을 겪는다고 한다. 우리가 초등학교 때부터 외운 구구단은 언제든 어디서든 답이 척척 나오지 않던가? 암기와 연습이 필요하다.

건배사도 엄연한 스피치라는 점을 잊지 말자.

흘러간 유행가는 청중이 먼저 외면한다

억지로 만든 축약어는 말 그대로 억지다.

억지로 잔을 들게 할 수는 있을지 몰라도 억지로 호응을 얻어낼 수는 없다. 개그맨들의 고통이 웃을 준비가 되지 않은 관객들을 생짜로 웃기는 것이라고 한다. 밑도 끝도 없고, 문맥에도 안 맞는 삼행시로 얼렁뚱땅 넘어가려고 한다면, 당신은 적당주의자로 낙인될 각오를 해야 한다. 별 볼일 없는 건배사로 시간을 때우면 별 볼일 없는 사람이 되는 것이다.

건배사에는 반드시 청중을 사로잡을 수 있는 새로운 무언가가 있어야 한다. 그러기 위해서는 깜짝 놀랄만한 반전이나 색다른 멘트가 필요하다. 진부한 표현은 청중이 먼저 외면한다. 당신의 하나마나 한 이야기는 청중에게도 들으나마나한 이야기이기 때문이다.

홀러간 유행가는 청중이 먼저 외면한다. 설명이나 구호, 어디에서 건 튀는 대목이 있어야 새롭다. 이미 수 년 동안 회자되어 모르는 사람이 없을 정도로 구닥다리가 된 건배구호를 외치는 건 녹음된 트로트 테이프를 다시 돌리는 것이나 다름없다. 또 스토리도 없이 구호만 기억했다가, 그 구호를 제창하자고 고래고래 소리 지르는 건 매일 아침 조회시간에 듣는 교장선생님 훈시를 다시 듣는 거와 다를 바 없다. 그 썰렁함은 누가 책임질 것인가?

참여시켜라

"여러분! 그렇지 않습니까?"

어디서 많이 들어 본 말 아닌가? 문재인 대통령께서 자주 쓰는 말이다. G. 리처드 셸은 '유리한 거래'라는 책에서 "뛰어난 협상가는 일반 협상가보다 두 배나 더 많은 질문을 한다."고 말했다. 질문을 통해 우리는 상황을 통제하고 주도권을 확보할 수 있게 된다.

그것이 가능한 이유는 작위든 부작위든 문제해결을 위한 관심이 집중되기 때문이다. 건배사 역시 질문을 통해 호응을 이끌어내는 것이 중요하다. 자칫 분위기가 가라앉으면 독백으로 전락할 수 있으니까.

그렇다고 모든 질문에 반드시 상대방의 답이 필요한 것은 아니다. 원활한 진행을 위해 혼자 묻고 혼자 답하는 자문자답이 효과적일

때도 있다. 이때 '침묵의 3초'는 의외로 효과적이다. 잠시 침묵하다가 청중의 집중을 확인한 다음에 답하는 방식이다.

대중의 참여를 이끌어내기 위해서 먼저 우호세력을 활용하는 것도 호응도를 높이는 방법 중 하나다. 예를 들어 "우리 총무팀 어디 있습니까?" 하고 자기 부서원들의 응원을 동원함으로써, 전체의 호응을 얻는 마중물로 활용할 수 있다. 박수에도 도미노작용이 일어난다. 누군가 한 사람이 치기 시작한 박수가 이내 전체로 번지는 것이다.

우리는 왜 이 자리에 모였는가?

혼자 술 마시면서 건배사를 읊조리지는 않는다.

사람들은 공동의 목적을 이루기 위해 모인다. 하다못해 술로 친목을 도모하자는 목적이라도 있어야 자리를 함께 한다. 건배사는 이처럼 상대가 있을 때 요구된다.

따라서 건배사에 앞서 모임의 취지와 성격을 파악하는 것이 중요하다. 축하하는 자리가 있고, 다짐하는 자리가 있는가 하면, 무엇인가를 간절히 갈구하는 기원의 자리가 있을 수 있다. 건배사는 이런 취지를 살려내는 기폭제가 되어야 한다.

우리는 지금 왜 이 자리에 모였는가?

이 질문에 답을 찾으면 모임의 성격이 뚜렷해진다. 건배사는 이 답을 확인하고 공동의 염원을 확장시키는 역할을 하게 된다. 모임

의 취지와 동떨어진 멘트나 공동의 관심사와는 별개인 메시지로 건
배를 제의한다면, 아무리 유창한 스피치라 해도 호응을 얻기 쉽지
않다.

수위조절이 필요하다

한번 입 밖에 나온 말은 다시 주어 담을 수가 없다.

건배사 역시 말로 하는 표현인 만큼 각별한 주의가 필요하다. 특히 분위기를 살려야 한다는 강박관념에 사로잡히다보면 자칫 발언의 수위가 도를 넘을 수 있다는 점을 똑바로 인식해야 한다.

남북이산가족 상봉행사장에서, 말 한번 잘 못했다가 망신살을 톡톡히 당한 모 인사에 대한 일화는 세상에 오랫동안 회자된 실패한 건배사다. 그가 당시 썼던 구호는 '오바마'였다. 그는 친절하게도 "오빠, 바라만 보지 말고 마음대로 해"라며 두 번이나 설명하며 웃었다고 한다. 누가 들어도 이산가족 상봉장소에서 할 말은 아니다.

건배사 때문에 신세를 망친 사례는 얼마든지 있지만 여기서 일일이 나열할 필요는 없을 것 같다. 요지만 말하면, 분위기를 파악한 뒤

자신의 격에 맞는 이야기를 꺼내라는 것이다. 특히 노사관계, 종교문제, 해묵은 지역감정 등 갈등을 조장하는 멘트를 날렸다가는 분위기를 망치기 십상이다. 호불호가 분명한 멘트는 편가르기에 앞장서는 구호를 양산할 수 있다.

어느 조직에서나 상사는 속 좁은 밴댕이다.
상사는 애초부터 건드리는 존재가 아니다. 조직문화를 보면 직장마다, 부서마다, 상사마다 발언의 수위에 대한 허용치가 조금씩 다르기는 하다.

그러나 그 허용치를 상사가 결정한다는 점을 항상 잊지 말아야 한다. 분위기를 살린답시고 상사의 약점을 건드리는 건 지뢰의 뇌관을 밟는 것이나 다름없다. 맑았다가도 금시 흐려지는 게 상사의 감정이다. 웃고 넘어갈 이야기라도 꽁하고 그걸 기억하는 상사가 있다. 어쨌거나 건배사에서 사장이나 상사를 들먹이는 건 자폭행위이니 피하는 게 좋다.

굳이 건배사에 상사를 끌어드리고 싶다면 '감사했던 기억'을 끌어다 써야 하겠지만, 이 또한 동료나 후배들로부터 야유를 들을 각오가 되어있어야 한다. 지나친 아부는 독약이다.

짧고 간결할수록 좋다

짧게 말해도 충분하다. 좌중을 사로잡을 수만 있다면. 청중들은 복잡하고 긴 연설에 쉽게 지친다. 행사장마다 쏟아지는 정치인들의 축사 격려사에 이미 신물이 나있다. 이런 청중들에게 활명수처럼 솟아오르는 짧은 대사를 선물해 보라.

건배사는 본론부터 시작해도 나무랄 사람이 없다. 그러니 서론을 너무 길게 빼지 말자. 요점만 꼭꼭 집기에도 시간이 부족하다. 30초 짜리 대본을 한번 써 보라. 인사하고 끝나는 분량이 아닌가?

웃겨보겠다고 꺼낸 말인데 반응이 시원치 않다고 해서 한 말을 되풀이하거나 부연설명을 하는 것도 꼴불견이다. 이를 예방하기 위해서 먼저 충분히 복선을 까는 편이 낫다. 건배사는 어디까지나 '단 한 방이다' 라는 점을 명심해야 한다.

건배사도 FM이 있다

입장이 어정쩡해서 행동으로 옮기거나 결론 내리기가 애매할 때, 흔히 'FM대로 하라'는 말을 쓴다. 그럴 때일수록 원칙을 지키라는 뜻이다. FM의 어원은 야전교범(Field Manual)으로 군에서 작전을 수행할 때 지켜야 할 규칙이나 요령을 정리해 놓은 텍스트다.

건배사에도 FM이 존재한다.

첫째, 자기소개
둘째, 지목에 대한 감사인사
셋째, 하고자 하는 이야기 및 구호설명
넷째, 구호제창으로 끝을 맺는 게 일반적 건배사의 순서다.

자기소개부터 한다

　지목받은 자는 서슴없이 일어서야 한다. 상황에 따라서는 마이크가 있는 무대로 뛰어나가야 하는 경우가 있는데, 이때도 씩씩하게 걸어나가는 것이 좋다. 시간을 지체하는 건 한층 업된 분위기를 가라앉힐 수 있다. 다중의 시간을 허비하고 있다는 사실을 잊어서는 안 된다.

　본인에게 돌아온 마이크를 거절하며 손사래를 치는 것은 겸손이 아니라 자신의 못남을 인정하는 것이다. 너무 거드름을 피우는 것도 꼴사납다. 마이크를 잡았다면 먼저 자기가 누구인지를 밝혀야 한다. 물론 전체가 차례대로 돌아가면서 하는 건배사라면 생략해도 좋다. 소규모 회식장소에서도 굳이 자기소개가 필요하지 않기는 마찬가지다.

　자기소개는 소속과 직함, 그리고 이름을 밝히는데 대중이 들을 수 있도록 큰소리로, 특히 발음을 분명히 하는 게 중요하다. 이름을 보충설명하기 위해서 한자로 한 자씩 또박또박 새김과 음을 설명하는 방법도 효과적이다. 예를 들면 "뿌리근 심을식 김근식입니다."라고 밝히면 훨씬 전달력이 강해질 것이다.

　또 자신의 이름 앞에 꾸미는 말을 달아주는 것도 관심을 끄는 방법 가운데 하나다. 예를 들면 "우리 회사의 얼짱 총무과 홍길동입니다." "어리버리 신입사원 김길동입니다." "무소처럼 나아가는 열정의 사나이 품질관리과 김태권입니다." 등이다.

감사인사를 한다

자신을 지목하여 기회를 준 사람에게 고맙다는 인사를 빠뜨려서는 안 된다. 사전에 사장 이름은 물론 간부들의 이름을 외워 두는 게 이때 큰 도움이 된다. 암기가 어려우면 손바닥에 적어 놓고 커닝이라도 해야 한다.

"부족한 저에게 기회를 주신 ○○○ 사장님께 감사드립니다."는 간단한 인사말이지만 절대 빠뜨려서는 안 되는 건배사의 필수문항이다. 짧은 시간에 자신의 됨됨이, 특히 겸손함을 표현할 수 있는 유일한 방법이기 때문이다.

지목한 사람이 사장이 아니라 팀장, 부장이라 할지라도 반드시 언급하고 넘어가는 것이 좋다. "감사하다"는 말 뒤에 "영광이다"란 말을 덧붙이면 겸손함이 더 빛난다.

CEO의 경우도 마찬가지다. "성원해 주신 여러분 감사합니다."

"여러분! 든든합니다."라는 인사를 빠뜨리지 말아야 한다. "이 회사의 주인은 여러분"이라는 말 한 마디가 사원들의 어깨를 으쓱하게 만든다. 건배사를 삼행시로 풀면 '건전한 마음, 배려하는 마음, 사랑하는 마음'이라는 걸 잊지 말아야겠다.

손목의 수고를 덜어주라

"잔을 가득 채워주십시오."라고 말하는 건 곧이어 잔을 들겠다는 예비신호를 보내는 것으로 행동을 통일하는데 도움이 된다. 하지만 모두 잔을 들도록 하고 건배사를 읊는 건 금물이다.

건배사의 분량은 특별한 경우가 아니면 30~40초가 적당하다. 이 시간이면 교통신호가 한 번 바뀌고도 남을 시간이다. 건배사를 읊는 내내 청중들에게 술잔을 드는 수고를 요구해서는 안 된다.

만약에 잔을 채우라고만 했는데도 이미 들어버린 사람들이 있다면 "잔을 잠시 내려 주십시오."는 이때 치는 활명수 같은 대사다. 내려놓은 잔은 구호를 선창하기 전 다시 들자고 하면 그만이다. 여기저기서 "팔 아프다"라며 웅성거리는 지방방송은 듣지 말아야 할 것 아닌가?

분위기를 읽어라

행사장의 분위기는 여러 가지를 예상해 볼 수 있다. 규모에 따라, 장소에 따라, 또 음향성능에 따라 얼마든지 상황이 달라질 수 있기 때문이다. 아무리 달달 외운 원고라 할지라도 분위기를 보고 멘트를 날려야 한다. 애드리브가 필요할 때도 있다. 건배사를 시작하려 는데 갑자기 조명이 꺼진다거나, 지각한 VIP가 하필 건배사 도중에 입장한다면 어떻게 할 것인가?

얼버무려야 할 때 애드리브는 오히려 제의자를 돋보이게 만든다. 건배사를 하는 동안은 누가 뭐래도 건배제의자가 주인공이다. 이 시간 역시 제의자의 것이다. 이미 마이크가 자기 손에 쥐어져 있기 때문이다. 돌발 상황에서 침착하게 대처하는 자는 본전 플러스 알 파의 호응을 얻을 수 있다. 실수가 당연하다고 예측했던 청중들은 능수능란하게 대처하는 제의자의 임기응변을 보고 추가점수 주기 를 서슴지 않을 것이다.

"오늘의 행사를 빛내주신 한국도로공사, 한국가스공사의 협찬에 감사드립니다. 그렇게 부탁했건만 한국전력은 끝내 협찬을 거부하 는군요." 정전에 대한 제의자의 멘트는 실수해봐야 본전이니, 디스 섞인 도발적 멘트도 한번쯤 시도해볼 만하다. "전기요금이 몇 달째 체납됐는지. 누가 경리과 미스 리에게 전화 한 통 해주시겠습니까?"

건배사 도중 VIP가 입장하면 아마 청중의 시선은 그에게 쏠리게 될 것이다. 이때 무슨 멘트를 날려봐야 아까운 시간만 허비하게 된다. 초입 부분이라면 이런 방법도 나쁘지 않을 것이다. "연습은 그만하겠습니다. 이제 시작하겠습니다." 그러나 이미 시간이 흘러 필름을 되감을 수 없다면 "사장님이 좀 늦으셔서 다행입니다. 여러분! 지금까지 제가 한 말 사장님껜 비밀입니다."라며 마치 사장이 모르는 비밀이 있는 것처럼 말해서, 청중의 웃음을 이끌어낼 수도 있을 것이다.

자, 좌중이 정리 됐으면 이제 슬슬 설을 풀어보자. 연말연시, 결혼 및 회갑 등 상황에 맞는 원고를 머릿속에서 꺼내 쓸 때가 됐다. 스토리 건배사는 여기서 부터가 본론이다. 이 책의 내용은 대부분이 이 본론에 해당한다. 한 가지 잊지 말아야 할 것은 본론이라고 할 수 있는 건배사의 내용은 어디까지나 말미에 구호를 합리화시키기 위한 복선이라는 점이다. 거꾸로 말하면 건배사 내용은 구호를 이끌어내기 위한 사전 포석이다.

구호는 또록또록하게 큰소리로

구호는 대게 제의자가 선창하고 청중이 후창하는 형식인데, 이런 형식은 당분간 바뀌지 않을성 싶다. 우리나라에서 보편적으로 쓰이는 "위하여!" 역시 얼마간은 사라지지 않을 듯하다. 오히려 끈질긴 생명력을 자랑할 것으로 보인다. "치어스!"라는 구호가 여전히 영어권에서 각광받고 있는 것을 보면, 한국의 "위하여!"는 아직 유효기간을 한정 짓기 어렵다.

구호는 큰소리로 외치는 게 기본이다. 선창자가 톤을 낮추면 후창자들의 목소리도 자연히 다운된다. 구호는 때에 따라 리듬을 타야 할 때가 있고, 때론 음악의 스타카토처럼 한 자 한 자 뚝뚝 끊어야 할 때가 있는데, 이러한 내용은 선창자가 구호설명과 함께 사전에 고지해 주어야 한다.

앞서도 말했지만 제의자는 이미 오늘 자신이 선택한 구호의 이력을 밝혔다. 밑도 끝도 없이 튀어나온 구호가 아니라는 것이다. 따라서 구호는 스토리가 충분히 서술된 다음에 등장하는 것이 순서다. 제의자는 구호를 선창하기 앞서 청중들과 입맞추는 연습을 해야 한다. 자신이 뭐라고 선창할 테니 여러분은 뭐라고 외쳐달라고 각본을 미리 공개하는 것이다.

이때 목소리를 하나로 모으기 위해서 청중들의 주의를 환기시킬 필요가 있다. 후창이 중구난방이 되어서는 안 되기 때문이다. "뭐라고 한다고요?" 하고 한두 번 되물어서 청중들의 기억을 상기시키는 것도 좋은 방법이다.

마무리 인사는 "감사합니다"면 충분하다

마무리 인사는 "감사합니다."로 충분하다. 더 이상의 사족을 달면 앞서 말한 메시지의 감흥만 흐려질 뿐이다. "감사합니다." 또는 "즐거운 시간 되십시오."는 가장 명료한 마무리 인사다. 그리고 가만히 있어도 박수는 사회자가 유도할 것이다. 박수까지 본인이 챙기는 오지랖을 떨 필요는 없다.

뒤가 깔끔해야 좋은 인상이 오래 남는다. 모처럼의 기회라고 중언부언하면 그때부터 꼰대소리 듣기 십상이다.

추억에서 꺼내 쓰는 건배사

추억의 감정부호는 느낌표다.
짧던 길던 지난 세월을 살아온 사람들은
누구나 추억을 가지고 있다.
추억은 공감대를 형성하는 공통분모다.

검정고무신
....

고무신도 귀했던 시절.

당시 초등학교 운동장에서 공을 차다보면 공보다 신발이 더 멀리 나가는 경우가 허다했습니다. 아예 신발을 벗어서 양손에 들고 맨발로 뛰는 애들도 있었지요.

여러분은 고무신의 특징이 무엇인지 아십니까? 사이즈만 비슷하면 아무 짝에나 맞춰 신을 수 있다는 점입니다.

누군가 간절히 찾고 있는 한 짝의 신발이 바로 여러분일 수 있습니다. 여러분 모두가 누구에겐가 꼭 필요한 짝이 되기를 바랍니다.

추억의 고무신을 떠올리며, 고무신을 큰소리로 외쳐보겠습니다. "고무신"은 '고맙다. 무진장 신명나게 살자.'라는 뜻입니다.

제가 "이제부터"를 선창하면 여러분은 "고무신"을 후창해주십시오.

껌딱지

어렸을 적 씹던 껌을 벽에 붙여놓았다가 다시 떼어서 씹던 기억이 납니다. 단물이 다 빠진 껌이지만 아까워서 함부로 버리지 못하고 재활용했던 웃픈 기억이지요.

그 딱딱해진 껌마저도 서로 자기 것이라고 우기던 언니 동생이 어디 한둘이었습니까?

가까운 사이를 껌딱지라고 하지요? 여러분은 좋은 껌딱지를 가지셨습니까? 함석헌 선생의 말씀대로 처자를 내맡기고 먼 길 떠날 수 있는 그런 껌딱지를 여러분은 가졌습니까?

오늘의 건배구호는 "껌딱지"로 하겠습니다.

제가 "우리 사이?"하고 물으면 여러분은 "껌딱지"라고 외쳐주십시오.

차라리 죽으러 망우리 가요

지금은 사라졌지만 옛날에는 시내버스마다 차장이라고 해서 안내양이 있었습니다. 출퇴근 시간이면 몰려든 승객 때문에 차장은 거의 문짝에 매달린 채 버스가 출발했지요.

정류장 안내도 차장 몫이었습니다. "차라리 죽으러 망우리 가요"는 이때 나온 우스갯소리입니다. "청량리 중량교 망우리 가요"를 워낙 빨리 말하니까 듣는 사람에겐 그렇게 들릴 수도 있었을 것입니다.

여러분! 문짝에 매달려서, "오라이!"를 외쳤던 그 누나들이 있었기에 동생들이 공부할 수 있었고, 우리가 지금 이만큼이나마 먹고 살게 된 거 아닐까요? 좋은 시절보다는 어려운 시절에 배울 것이 더 많다고 했습니다.

오늘 건배구호는 심기일전해서 다시 힘을 내자는 의미로 "오라이"로 하겠습니다.

제가 "댕큐! 오케이!" 하면 여러분은 "오라이!"를 외쳐주십시오.

추억에서 건져 쓰는 건배사

분명히 손가락에 꼈는데

가족계획은 이제 사라진 구호가 됐습니다만 70년대까지만 해도 산아제한운동이 범국가적으로 이뤄졌습니다.

콘돔이 대대적으로 보급된 것도 이때부터입니다.
한번은 담당공무원이 동네사람들을 모아놓고, 직접 손가락에 콘돔까지 껴가면서, 콘돔사용법에 대해서 구체적으로 교육을 시켰답니다.

그리고 일 년 후.
그 동네에 가보니, 아이가 줄기는커녕 더 늘었더랍니다. 의아하게 생각한 공무원이 "콘돔을 쓰지 않은 이유가 도대체 뭡니까?" 하고 물었더니, 그들이 하는 말이 가관입니다. "우리는 분명히 손가락에 꼈는데?" 라고 하더랍니다.

우리는 그런 시절을 지나서, 이제 거꾸로 출산장려시대를 살고 있
습니다. 앞일은 알 수 없습니다. 혹시 앞일이 두려워 자전거 페달에
서 발을 떼고 있는 건 아닌가요? 내일은 누구도 모르는 수수께끼입
니다. 염려와 걱정을 가불하지 마십시오.

오늘은 출산장려 차원에서 건배구호를 "다산만복"으로 하겠습
니다.

제가 "다산이면?" 하면 여러분은 "만복이다"라고 외쳐주십시오.

주거니 받거니

옛날에 형제가 각각 아이스케키통 하나씩을 짊어지고 장사를 나섰는데, 종일 돌아다녀도 아이스케키를 하나도 팔지 못했답니다. 그러다가 동생이 겨우 한 꼬마에게 아이스케키 하나를 팔게 되었는데요, 5원이 생긴 동생은 그 돈으로 날름 형의 아이스케키 하나를 사먹었답니다. 그러자 동생이 먹는 걸 보고 침만 삼키던 형도 동생에게서 받은 5원을 꺼내 동생의 아이스케키를 하나 사먹었다네요. 결국 5원짜리 동전만 왔다 갔다 하면서, 주거니 받거니 아이스케키통 두 개를 다 비우고 난 뒤에야 형제는 울상을 지었답니다.

여러분! 어제로부터 건네받은 오늘은 달콤했나요? 더 달달한 내일과 미래를 위하여 건배하겠습니다.

오늘의 건배구호는 "주거니 받거니"로 하겠습니다.

제가 "주거니"하면 여러분은 "받거니"하고 외쳐주십시오.

애야, 배 꺼진다

저희 어머니께서는 제가 어렸을 때, 저녁 먹은 다음 마당에서 뛰어노는 것을 못마땅해 하셨어요.

"애야, 배 꺼진다."

또 제가 태어나서 처음으로 헌혈하고는 그걸 자랑했다가 아버지께 크게 혼난 적이 있습니다.

"추석하고 설날, 겨우 1년에 두 번 고기 먹는 놈이 무슨 헌혈이냐?"고. 자식 키우는 부모 마음이 다 그렇지요?

"건강한 이에게는 희망이 있고, 희망을 가진 이는 모든 것을 가졌다."라는 말이 있습니다. 건강은 모든 것의 기본입니다. 건강을 잃으면 명예도 재산도 다 무너지고 맙니다. 건강이야말로 최고의 재산입니다.

오늘의 건배구호는 우리 모두의 영양보충을 위해 "한우갈비"로 하겠습니다. "한우갈비"는 '한 마음인 우리는 갈수록 비상한다.'는 뜻입니다.

제가 "건강을 위하여"하면 여러분은 "한우갈비"라고 외쳐주십시오.

공포의 불주사

한국인 누구에게나 왼쪽 팔뚝에 바코드가 하나씩 있지요?

1952년부터 전국의 군인과 학생들에게 접종을 시작한 이 주사는 BCG라고 해서 결핵예방접종이었습니다.

불주사라고 해서 어린 학생들이 무척이나 무서워했던 기억이 납니다. 주사바늘조차 귀해서 램프 불에 소독을 해서 재활용했지요. 요즘 젊은 세대들은 '불주사가 어디에 있는 절이냐?'고 묻는다네요.

주사는 팔뚝을 걷어 올릴 때까지가 두렵지, 맞아야겠다고 결심을 한 순간 두려움은 이내 가시게 됩니다. 무슨 일이든 결단이 중요합니다. 여러분의 결단은 지금 단단한가요?

추억의 불주사를 떠올리며 오늘의 건배구호는 "불주사"로 하겠습니다. '불만이 있어도 티내지 말고, 주머니가 비어도 티내지 말고 사주팔자려니 하고 즐겁게 살자' 라는 뜻입니다.

  제가 "티 내지 말고 살자" 그러면 여러분은 "불주사"를 외쳐주십시오.

너 같으면 서겠냐?

먹고사는 것이 넉넉지 않았던 시절, 애들은 배고픔도 달랠 겸 장난삼아 과수원이나 수박밭, 참외밭을 기웃거리며 서리라는 것을 했습니다.

얼마 전 장수만세라는 어른신들 프로그램을 보니까, 할아버지 한 분이 옛날 서리 이야기를 꺼내면서 개그를 하시더군요. 재미있어서 한 번 써 먹겠습니다.

경찰이 숨을 헐떡이며 도둑을 쫓아가면서 "게 서거라! 거기 서지 못할까?" 그러니까 도망가던 도둑이 뭐라고 했는지 아십니까? "너 같으면 서겠냐?" 그러더랍니다.

누구에게나 자기입장이란 것이 있지요?

상대를 설득하려면 상대의 입장을 먼저 헤아리라는 말이 있습니다. 여러분! 요즘 협상이 잘 안 되거나, 협조를 얻지 못해서 추진이 터덕거리는 일이 있나요? 한번쯤 입장 바꿔 생각해보십시오.

오늘의 건배구호는 상대를 이해하자는 뜻에서 "역지사지"로 하겠습니다.

제가 "피장파장"하고 말하면 여러분은 "역지사지"라고 외쳐주시기 바랍니다.

엿장수 맘대로

옛날에는 엿을 돈 주고 사먹는 게 아니고, 집안에 굴러다니는 쇠붙이며 빈병을 모아다가 바꿔먹었습니다. '째각째각' 엿장수 가위 소리가 들리면 아이들은 뒤란이며 헛간을 뒤져 찌그러진 양재기, 닳아진 고무신, 동강난 쟁기보습 등을 들고 골목으로 달려 나갔지요.

"아저씨 많이 주세요." 하면 "그거야 엿장수 맘이지"라고 능청을 떨면서 엿덩이에다 끌을 대고 가위로 툭툭 쳐서 끊어주곤 했습니다. 정해진 규격도 없었고, 정해진 가격도 없었습니다. 정말로 엿장수 마음대로였어요.

여러분! 우리도 한번쯤 엿장수 맘대로 살아보고 싶지 않나요? 그거 어렵지 않습니다. 누구나 자신의 엿장수가 되면, 그때부터 자신의 인생은 엿장수 마음대로입니다. '하루를 살더라도 내 인생을 살아라.' 참 쉽고도 어려운 말이지요?

오늘의 건배구호는 '내인생 내 맘대로'로 하는 게 어떻겠습니까?

제가 "내인생" 하면 여러분은 "내 맘대로"를 외쳐주십시오.

밥값하자

초등학교 때 우리반 급훈이 '밥값을 하는 사람이 되자'였습니다. 몫을 해내자는 것인데요, 당시 밥값이 얼마였는지는 모르지만 선생님은 종례시간 때마다 "오늘 밥값은 했냐?" 하고 우리들에게 물으시곤 했습니다.

또 성적이 좋지 않은 애들한테는 "이런 밥버러지들" 그랬어요.

김훈이 쓴 '칼의 노래'라는 소설을 보면 '지나간 수많은 끼니는 다가올 한 끼 앞에 모두 무효다'라는 말이 나옵니다. 무엇을 먹었던 지나간 끼니는 이미 끝난 것이고, 다가올 끼니가 절실한 것이지요.

여러분! 우리는 지금 밥값을 톡톡히 해내고 있는 걸까요?
오늘의 건배구호는 "밥값하자"로 하겠습니다.

제가 "오늘도" 하면 여러분은 "밥값하자"를 외쳐주십시오.

무시고무

························

요즘엔 튜브 없는 자전거가 나와서 그 이름도 생소해진 '무시고무'를 아십니까?

자전거 바퀴에 바람이 빠지면 펌프로 바람을 넣지요? 그 바람이 다시 빠져나오지 못하도록 옥죄어주는 고무관을 '무시고무'라고 했습니다. 표준어로는 지렁이고무라고 한다네요.

이 무시고무는 열에 약해서 한 여름이면 저 혼자 녹아내리는 바람에 바퀴가 자주 주저앉곤 했지요. 부품이라고도 할 수 없을 만큼 하찮은 무시고무였지만 그거 하나가 녹아내리는 바람에 땀을 뻘뻘 흘리며 자전거를 끌고 왔던 생각이 나네요.

우리 조직도 마찬가지라고 생각합니다. 어느 한 쪽에서 누수가 생기면 아무리 튼튼한 배라도 끝내는 가라앉을 수밖에 없습니다. 구성원 하나하나의 역할이 중요하고 소중한 것이지요?

오늘은 소중한 당신을 위해 건배하겠습니다.

제가 "무척이나 귀한 사람" 하고 선창하면 여러분은 "바로 당신!"
해주시면 되겠습니다.

빨간 내복

여러분 빨간내복을 아시나요?

첫 봉급을 타면 어머니께 빨간내복을 사다드리는 것이 유행이었던 시대가 있었습니다.

오늘날과 같은 형태의 내복이 등장한 것은 근대화 바람이 불던 1960년대부터인데요, 처음엔 그게 내복인 줄도 모르고 츄리닝처럼 학교까지 입고 온 애들도 있었다고 하네요. 세월과 함께 내복패션도 많이 변했습니다. 기능성도 한층 강화됐지요?

내복을 입으면 체감온도가 3도 이상 높아진다고 합니다. 우리나라 국민 모두가 내복을 입으면 난방에너지를 20%나 줄일 수 있다고 하네요.

건배구호를 "빨간내복"으로 하겠습니다. "빨간내복"은 '빨리 간다고 먼저 가는 건 아니다. 내가 지킨 교통질서 풀리는 복잡교통'이라는 뜻입니다. 도로공사에서 써야 할 구호입니다.

제가 "막힐수록"하고 외치면 여러분은 "빨간내복"을 외쳐주십시오.

누구나 나보다 낫다

초등학교 수학여행 때였습니다.

장거리 여행에 들뜬 아이들이 탔으니 버스 안이 조용할 리가 없었 겠죠? 노래를 부르고 박수를 치고 아무튼 시끌벅적한 버스 안의 분 위기와는 상관없이 기사아저씨는 묵묵히 운전을 하고 있었어요. 그 런데 앞자리에 앉은 몇몇 아이들이 이 기사님을 화나게 만들고 말 았답니다.

옆으로 쓱쓱 지나치는 다른 차들을 보고는 "아저씨 저 차 따라잡 아요. 왜 저 차보다 못 달려요?"

그러자 아저씨가 버럭 화를 내면서 "야, 임마! 그럼 니가 해봐" 그 러더라고요. 애들은 끽소리도 못하고 말았지요. 당시 저희들이 무 슨 운전을 알기나 했나요.

엊그제 제가 공지영 작가의 글을 읽다가 문득 그때 제가 느꼈던 것과 같은 구절이 있어서 소개하고자 합니다.

"세상 모든 사람이 나보다 낫다" 입니다. 그렇게 생각하고 사니까 공작가님의 말대로 세상 참 편하더라고요.

오늘의 건배구호는 "당신이 최고야!"로 하겠습니다.

제가 "당신이" 그러면 여러분은 "최고야!"를 외쳐주십시오.

유머를 활용한 건배사

웃음은 해피다.
호주머니에 큰돈을 넣어놓고 긴장하는 사람보다는
빈 호주머니에 손을 넣고 웃는 사람이 더 건강하다.
누군가 웃길 수 있다면 당신은 이미 능력자다.

생쥐의 수영복

어느 수영장에서 코끼리가 수영을 하고 있는데, 생쥐 한 마리가 다가와 큰 소리로 말했습니다.

"코끼리! 너 이리 나와 봐"

기가 찬 코끼리가 어쩌나 보려고 생쥐가 시킨 대로 풀장 밖으로 나왔답니다. 그랬더니 생쥐가 힐끔 쳐다보고는 "됐어, 들어가" 그러더랍니다.

코끼리는 기가 막혔지만 화를 꾹 참고 생쥐에게 물었습니다. "그런데 왜 날 나오라고 했니?" 그랬더니 생쥐 왈 "아, 누가 내 수영복을 훔쳐갔잖아. 혹시 니가 내꺼 입었나 싶어서" 그러더랍니다.

'용기는 모든 순간적 감정 가운데 가장 쓸모 있는 것이다.'라는 말이 있습니다. 혹시 망설이는 일이 있습니까? 도전해보세요. 그게 가능한 일인지 아닌지 알아보는 방법은 그것뿐이랍니다.

　건배하겠습니다. 구호는 "용가리"입니다. 그 뜻은 '용기를 내면 가능하다. 이길 수 있다' 입니다.'

　제가 "우리들은"하고 외치면 여러분은 큰 소리로 "용가리!"를 외쳐주십시오.

나는 양반김이요

김밥이랑 햄버거랑 샌드위치가 달리기 시합을 했습니다. 중간지점까지는 햄버거가 1등, 샌드위치가 2등을 달리고 있었습니다. 꼴찌를 달리던 김밥이 꾀를 냈습니다.

"야, 우리 각자 흩어져서 달리다가 골인지점에서 다시 합체하자"

그래서 시금치, 김, 단무지, 계란이 각자 달리기 시작했습니다. 먼저 골인지점에 다다른 시금치가 뒤돌아보니 단무지, 계란은 잘 따라오고 있는데 김이 저 뒤에서 느릿느릿 팔자걸음으로 걸어오고 있었습니다.

화가 난 시금치가 김에게 재촉했습니다. "야, 빨리 안 뛰고 뭐해?" 그랬더니 김이 "야, 난 양반김이야" 하더랍니다.

체면이 밥 먹여주지 않습니다. 길에 떨어진 돈도 팔짱낀 사람이 먼저 줍기는 쉽지 않습니다.

건배제의 하겠습니다. 구호는 "먹어야 양반이다"로 하겠습니다. 제가 "먹어야" 하면 여러분은 "양반이다"를 외쳐주십시오.

스님과 목사

한 목사가 공항 출입국심사대를 통과하면서 직원과 실랑이를 벌이고 있었습니다. "목사님은 직업란에 목사라고 쓰면 되는데 왜 굳이 목사님이라고 쓰시는 것입니까?" 하고 직원이 물었죠.

그랬더니 목사님 대답이 가관입니다.

"야, 이 사람아. 그러면 스님은 그냥 '스' 라고만 쓰냐?" 그러더랍니다.

요즘 고객님이란 말을 많이 듣게 되지요? 보이스피싱하는 놈들도 '고객님' 이란 말을 입에 달고 살더라고요. 님은 아무리 남발해도 손해 볼 일이 없는 존칭어 같습니다.

그런 의미에서 오늘의 건배구호는 "사랑합니다. 고객님"으로 하겠습니다.

제가 "사랑합니다" 하면 여러분은 "고객님" 이라고 외쳐주십시오.

너희들 그럴 줄 알았다

거북이 삼형제가 소풍을 갔답니다.

예나 지금이나 소풍의 백미는 역시 도시락 까먹는 재미지요. 두 시간을 걸어서 겨우 정상에 오른 거북이들은 드디어 도시락을 풀었습니다.

그런데 말입니다. 젓가락이 없는 거였습니다. 서로 가위 바위 보를 해서 걸린 사람은 맏형이었습니다. 그는 젓가락을 가지러 다시 산을 내려갔지요.

그런데 말입니다. 왕복 4시간이면 족할 거리인데 6시간이 지나도 돌아오지 않는 거였습니다. 기다리다 지친 나머지 거북이들은 형에게는 좀 미안하지만 그냥 손으로라도 도시락을 먹기로 했습니다.

그런데 말입니다. 도시락에 막 손이 닿으려는 순간, 바위 뒤에서 맏형이 "짠!" 하고 나타나 "내가 너희들 그럴 줄 알았다." 그러더랍니다.

그래요. 끈기가 있어야 밥 굶지 않고 살 수 있습니다. 우리는 너무 쉽게 포기하고 절망하지 않는지 한 번 더 생각해보아야 하겠습니다.

오늘의 건배구호는 "성공과 끈기"로 하겠습니다.

제가 "성공은?" 하고 물으면 여러분은 "끈기다"를 외쳐주십시오.

술맛을 아는 뱀

오늘 저는 술맛을 아는 뱀 이야기를 해볼까합니다.

한 낚시꾼이 강가에 도착해 장비를 풀어보니 미끼를 챙겨오지 않았더랍니다. 다시 돌아가야 하나 말아야 하나 고민하고 있을 때, 뱀 한 마리가 벌레를 입에 물고 옆으로 지나가더랍니다.

낚시꾼은 잽싸게 벌레를 낚아챘습니다. 벌레를 뺏은 것이 미안한 낚시꾼은 소주 한 잔을 뱀의 목구멍에 부어주었답니다.

그리고는 한참 동안 낚시에 열중하고 있는데 누군가 자신의 바짓가랑이를 잡아당기는 것이었습니다. 낚시꾼이 확인해보니 조금 전 그 뱀이 입에 벌레 세 마리를 물고 와서는 꼬리를 살랑살랑 흔들더랍니다.

여러분! 무슨 일이든 처음이 중요합니다.

술도 첫 잔이 중요합니다. 한 번 들어가면 술술 들어가는 게 술이 잖아요?

적당히 마시자는 의미에서 오늘의 건배구호는 "119"로 하겠습니다. 119는 '1가지 술로 1차만 9시까지 마시자.'는 뜻입니다.

제가 "오늘은"하면 여러분은 "119"를 외쳐주십시오.

내가 친 번개가 오비 났구나

목사님과 스님이 골프를 치는데, 스님이 자기가 친 공이 오비가 나니까 자기도 모르게 "쓰발!" 하고 욕을 하더랍니다.

"아니, 스님이 욕을 하면 어떡합니까?"

목사님이 점잖게 꾸짖었지요.

그리고 다음 홀로 갔는데 스님이 친 공이 또 오비가 났답니다.

"쓰발!"

이를 보다 못한 목사님이 하나님께 기도를 했습니다.

"저런 스님에게 벌을 내려주시옵소서" 하고.

그러자 갑자기 하늘에서 '번쩍' 하면서 번개 하나가 골프장으로 떨어졌는데, 그 번개를 맞은 건 스님이 아니라 목사였습니다.

이때 하늘에서 하나님의 음성이 들려왔습니다.

"앗, 실수! 내가 친 번개가 오비 났구나!" 그러더랍니다.

하느님도 실수하는데 우리가 실수를 안 하고 살 수는 없습니다. 골프는 실수를 줄이는 게임이라고 하지요? 무언가를 이루려는 노력도 중요하지만 실수를 줄이려는 노력도 필요한 거 같습니다.

건배하겠습니다.

구호는 "굿 샷! 나이스 샷!"으로 하겠습니다.

제가 "굿 샷!" 하면 여러분은 "나이스 샷!" 해주십시오.

소통이 필요해

부부가 한 침대에서 잠을 자는데 남편이 이불 속에서 웬 여자하고 통화를 하더랍니다. 그러더니 주섬주섬 옷을 챙겨 입더라네요.

참지 못한 여자가 버럭 소리를 질렀습니다.
"누구야? 어떤 년이야?"
"응 옆집 영란이 엄마"

아내는 울컥 화가 치밀어 올랐습니다.
"이 나쁜 놈아, 하필 영란이 엄마야. 내가 그년보다 못한 게 뭐 있어"
그랬더니 남편 왈
"금방 해주고 올게. 지금 급한데."
여자는 더 이상은 안 되겠다 싶어 최후통첩을 날렸습니다.

"너 지금 나가면 그년하고 살아. 다시는 집에 올 생각 마"

그랬더니 남편 왈
"야, 이 화상아. 차 빼달란다" 그러더랍니다.

소통이 필요한 부부지요? 먹통은 통화료만 올리지만 소통은 막힌 길도 뚫습니다. 위대한 영웅은 소통하는 법을 아는 사람이랍니다.

건배하겠습니다.
구호는 "소나기"로 하겠습니다. 그 뜻은 '소통과 나눔으로 기쁨 두 배' 입니다.

제가 "지금 필요한 건 뭐?" 하고 물으면 여러분은 "소나기"라고 외쳐주십시오.

너하고 똑 같이 생긴 놈 봤다

한 쌍의 남녀가 극장에서 데이트를 즐기는데 남자가 여자의 손을 살짝 잡으려고 하자 여자가 뿌리치면서 "저 앞에 앉아 있는 남자 뒤통수를 한 대 때리고 오면 잡아줄게요." 그러더랍니다.

그러자 남자는 그 남자에게 다가가 "야, 경석아! 오랜만이다" 면서 철썩하고 뒤통수를 때렸지요. 화들짝 놀란 앞자리 남자는 "사람을 잘 못 봐서 미안하다" 는 남자의 사과에 할 말을 잃었답니다.

문제는 거기서 끝나지 않았어요. 영화가 끝나고 나오는데 하필 아까 맞았던 남자가 앞서 걷고 있었습니다. 장난기가 발동한 여자는 "저 남자 뒤통수 한 번만 더 때리고 와요. 그렇지 않으면 2차고 뭐고 없어요." 그러더랍니다.

남자는 거침없이 달려가 그 남자의 뒤통수를 전보다 더 세게 내리쳤습니다. 그러면서 하는 말이 "야! 경석아, 나 방금 극장 안에서 너하고 똑같이 생긴 놈 봤다" 그러더랍니다.

행운은 두려움이란 껍질로 둘러싸여 있답니다. 그것을 깨는 게 용기랍니다. 여기에다 재치까지 있으면 금상첨화겠지요?

건배하겠습니다.
구호는 "친구야! 반갑다"로 하겠습니다.

제가 "친구야!" 하면 여러분은 "반갑다"라고 외쳐주십시오.

꽝! 다음 기회에

어느 고등학교에서 시험을 보는데 주관식 문제에 한 학생이 답을 화이트로 덧씌워 지운 다음, 옆에 이렇게 써놓았더랍니다.

"동전으로 긁으면 답이 나옵니다."

선생님이 궁금한 나머지 동전으로 그걸 긁더니 갑자기 화들짝 놀라며 "이런 개새끼!?" 그러더랍니다.

"꽝! 다음 기회에" 이렇게 쓰여 있었기 때문입니다.

오성과 한음이 어렸을 때 장난이 심했다고 하지요? 이 학생 정도면 현대판 오성급은 되지 않을까 싶습니다.

세상에는 없는 게 세 가지가 있다네요. 세상에 공짜 없고, 세상에 비밀 없고, 세상에 정답 없답니다.

건배구호는 "정답은 꽝이야!"로 하겠습니다.

제가 "정답은?"하면 여러분은 "꽝이야!"라고 외쳐주십시오.

대문자와 소문자

아라비아숫자파와 영어알파벳파. 세력이 쌍벽을 이루는 두 조폭이 각각 집단을 이루며 살고 있었답니다. 하루는 숫자파에서 첩보를 수집하기 위해서 알파벳파로 스파이를 보내게 되었습니다.

선발된 숫자가 1하고 3이었습니다. 두목이 이들에게 당부했습니다. "너희는 절대로 떨어져서는 안 된다. 항상 붙어 다녀라" 알파벳 대문자 B로 위장을 한 거지요.

그런데 얼마 후 정찰나간 두 스파이는 죽도록 얻어맞고 돌아왔습니다. 두목이 의아해서 물었습니다. 그랬더니 그들이 하는 말 "쓰발, 알파벳파는 두목만 대문자를 쓰잖아요." 그러더랍니다.

그렇습니다. 경쟁에서 이기기 위해서는 상대를 정확히 아는 게 먼저입니다. 우리는 고객의 니즈를 먼저 파악하는 것이 매우 중요합니다. 소비자의 심리를 알아야 대박을 터트릴 수 있지 않겠습니까?

오늘의 건배구호는 "알아야 대박이다"로 하겠습니다.

제가 "알아야"하면 여러분은 "대박이다"를 외쳐주십시오.

해운대구 중동

부산의 한 병원에서 이런 일이 있었답니다. 열이 많고 기침이 잦은 할아버지 한 분이 응급실을 찾아왔습니다. 메르스를 의심한 의사가 "혹시 중동에 다녀오신 적 있습니까?" 하고 물었습니다.

"쭉 중동에서 살았는데요."

병원은 난리가 났습니다. 할아버지를 격리시키고, 당국에 신고하고, 야단법석을 떨었습니다.

그런데 얼마 지나지 않아 할아버지 차트를 자세히 살펴본 간호사가 경악하며 의사에게 달려갔습니다.

할아버지의 주소가 '부산시 해운대구 중동' 이었습니다.

우리 국민들 메리스 때문에 많이 놀라셨지요? 피해도 컸습니다. 북한 속담에 '구운 게도 다리를 떼고 먹어라'는 말이 있습니다. 무슨 일이나 신중히 고려하여 안전하게 행동하라는 말이지요.

건배하겠습니다.
구호는 "유비무환 철두철미"로 하겠습니다.

제가 "유비무환"하면 여러분은 "철두철미"를 외쳐주십시오.

오늘의 운세

개 띠인 맹구가 아침신문의 '오늘의 운세'를 보고는 활짝 웃었습니다. 개 띠가 운수대통이라고 나와 있었기 때문입니다.

"앗싸! 너희들은 오늘 다 죽었다." 맹구는 저녁에 있을 동창들과의 고스톱을 생각하며 혼자말로 중얼거렸습니다.

이때 옆에서 맹구를 지켜보고 있던 부인이 "이그 이 웬수야! 너만 개 띠고 친구들은 개 띠 아니냐?" 그러더랍니다.

여러분! 고스톱은 운칠삼기라고 하지요?
운이 70%, 기술이 30%라는 얘기인데요, 놀랍게도 그 70%의 운은 누구에게나 공평하다는 것입니다.

변수는 이기는 습관이라네요. 여러분도 한 번 이기는 습관을 체험해 보시지 않겠습니까?

오늘의 건배구호는 "피장파장"으로 하겠습니다.
'피할 건 피하고 장려할 건 장려해서, 파이팅으로 끝을 장식하자'는 뜻입니다.

제가 "너나나나" 하면 여러분은 "피장파장"을 크게 외쳐주십시오.

더 주까?

································

어느 신병교육대에서 있었던 이야기입니다. 교관이 신병에게 말했습니다.

"너희들은 이제 사회인이 아니다. 그러니까 사회에서 쓰던 말투는 버리고 이제부터 무슨 말이 건 '다'와 '까'로 끝낸다. 알았나?" 하고 물었습니다. 그러자 신병이 반말로 "알았다" 그러더랍니다.

기분이 나빠진 교관이 "이 자식, 아직 정신 못 차렸네." 그러면서 "다시 한 번 말하겠다. '다'와 '까'만 사용하라" 그랬더니 신병이 이번에는 "알았다니까" 하면서 또 반말로 대답하더랍니다.

이 신병이 취사병으로 배속을 받았습니다.

하루는 사단장이 방문하여 배식을 받는데 마침 국을 배식하던 신병 앞에서 사단장이 국을 받고도 가지 않고 신병을 빤히 쳐다보더랍니다. 당황한 신병이 저도 한참을 쳐다보다가 하는 말이 가관입니다.

"더 주까?" 그러더랍니다.

죄 없는 교관만 그날 연병장 열 바퀴 돌았답니다.

직장생활을 하다보면 선배복도 중요하지만 후임복도 참 중요하지요? 그런데 어떡합니까? 여러분도 분명 한때는 누군가의 후배였지 않습니까?

건배하겠습니다.

구호는 "알았나? 알았다니까"로 하겠습니다.

제가 "알았나?" 하고 물으면 여러분이 "알았다니까"하고 대답해 주시기 바랍니다.

올버디

골프치는 남녀를 보면 동반한 여자가 애인인지 부인지 구별할 수 있답니다. 공을 끝까지 찾아주면 애인, "치워라, 그냥 가자" 하면 부인이랍니다.

그늘집에서 수저를 챙겨주면 애인이고 "수저 놔라" 하면 부인이랍니다. 또 "헤드업 하지 마라" 하면 애인, "대가리 들지 마라" 하면 부인이랍니다.

골프가 대중화 되면서 골프 관련 건배구호도 많아지고 있습니다. 누구나 좋아하는 "올버디"는 '올해도 버팀목이 되고 디딤돌이 되자' 입니다.

또 "올보기"는 '올해도 보람차게 기분 좋게'를 뜻하고요, "올파"

는 '올해도 파이팅!' 입니다.

여러분은 무엇을 택하실 건가요? 아무래도 "올버디"가 좋겠죠?

제가 "우리 모두" 하면 여러분은 "올버디"를 외쳐주십시오.

자기 안 할거야?

젊은 남녀가 등산을 갔는데, 정상에 올라보니 아무도 없더랍니다. 둘만 있다는 생각이 들자 여자의 마음이 이상해졌습니다. 그때 남자가 "여기까지 왔는데 그냥 갈 수 없잖아?" 그러더랍니다.

여자와 남자는 편편한 바위 위에 올랐습니다. 여자는 섹시하게 보이기 위해 고개를 뒤로 젖히고 눈을 지그시 감은 채 기다렸습니다. 그러자 남자가 여자를 탁 치며 "너 안 할 거야?" 그러더니 두 손을 입에 모으고는 저 혼자 "야호!" 하고 외치더랍니다.

떡줄 사람은 생각지도 않는데 김치국부터 마신다는 말이 있지요? 우리에겐 느낌이라는 훌륭한 능력이 있다고 합니다. 그 중에 소통의 느낌이 가장 큰 능력이라고 하네요.

오늘의 건배구호는 "느낌은 제대로!"로 하겠습니다.

제가 "느낌은" 하면 여러분은 "제대로!"를 외쳐주십시오.

기름집

....

지난 여름에 친구랑 지방에 가는데 차의 연료가 떨어졌다고 빨간 불이 들어왔어요. 지방도로를 달리고 있던 우리는 겨우 한 주유소를 찾았는데 휘발유 값이 서울과는 비교가 안 될 정도로 싼 거였어요.

그때 친구가 시골로 갈수록 싸니까 좀더 가보자고 그러더라고요. 우린 한참을 더 달렸지요. 그런데 아무리 가도 주유소가 나타나지 않는 거예요.

때마침 지나던 할머니를 만났어요. "할머니 이 근방 기름집이 어디에요?" 할머니는 친절하게 설명을 해주더군요. 그쪽을 향해 달렸습니다.

그런데 가도 가도 주유소가 안 나타나는 거예요. 아주머니 한 분에게 다시 물었지요. "기름집이 어디쯤 있어요?" 그랬더니 아주머니가 한 가게를 가리키더군요. 기름집 맞았어요. 참기름집.

아무리 급해도 차에 참기름을 넣을 수는 없잖아요?
여러분 시골길 갈 땐 기름 빵빵하게 채우고 떠나세요. 사람도 호주머니가 빵빵해야 배짱이 빵빵해집니다.

오늘의 건배구호는 "배짱 빵빵"으로 하겠습니다.

제가 "사나이 배짱은?" 하면 여러분은 "빵빵" 하고 외쳐주십시오.

자살도 힘들어

제 주변에 아주 곡절 많은 친구가 하나 있습니다. 하는 일마다 꼬이고, 시작하는 사업마다 망하는 아주 운이 안 따르는 친구였어요.

어느 날 밤늦은 시간에 전화가 왔는데 그 친구 목소리가 심각했어요. 음주단속에 걸렸는데. 미치겠다는 거예요. 전 다짜고짜 핀잔부터 주었지요.

"병신아, 차라리 죽어라 죽어."라며 심하게 나무랐어요. 그런데 그 친구 뭐라고 한지 아세요? "니 말대로 강에 빠져 죽어버리려고 가는데 하필 그 앞에서 음주단속이 뭐냐?" 그러더라고요.

어느 날 술자리에서 그 친구에게 물었죠. "요즘 어떠냐?" 그 친구 용감하게 말하더군요. "인생 별거 있냐? 그냥 알콜이여!" 하면서 씩

씩하게 술잔을 들더군요.

음주단속 덕분에 생명을 건진 내 친구 지금은 잘 살고 있습니다. 그 친구의 삶을 긍정적으로 바꾼 한 마디. "인생 별거 아녀. 그냥 알콜이여!"를 오늘의 건배구호로 하겠습니다.

제가 "인생이 별거여?" 하고 물으면 여러분은 "그냥 알콜이여!" 하고 외쳐주십시오.

어느 쪽 바퀴가 펑크?

대학 다닐 때 친구랑 둘이 밤새 술 마시고 다음날 시험장에 지각을 했어요. 강의실에 도착하니까 거의 시험이 끝날 시간이더라고요.

친구가 대뜸 "교수님, 다리를 절름거리는 할머니가 펑크난 리어커를 끌고 가는데, 차마 지나칠 수가 없어서 좀 밀어주고 오느라고 늦었습니다."

교수님은 웃으시면서 "그래 두 사람은 좋은 일 하다 늦었으니, 다시 시험 볼 기회를 주겠다." 그러시면서 우리를 각자 다른 강의실로 들어가라고 하시더군요.

그리고 문제지를 주는데 이를 본 우리는 아연실색하고 말았답니다. '1번, 할머니는 어느 쪽 다리를 절고 있었습니까? 2번, 리어커는 어느 쪽 바퀴가 펑크가 났습니까?

세상을 살다보면 거짓말 안 하고 살수는 없죠?
거짓말인줄 알면서도 속아주는 아량도 필요하고요. 나훈아가 부르는 '건배'라는 노래의 가사 중에 '알고도 속고 모르고도 속는 세상'이란 말이 있지요?

오늘의 건배구호는 제가 "팔자라거니" 하면 여러분은 "건배"를 외쳐주십시오.

돈가스 소스

을지훈련 때 야간근무를 서고 있었습니다.

메시지를 전달하러 상황실에 들렀더니 여기저기서 보내온 위문품들이 수북이 쌓여있더군요.

제가 물끄러미 그것들을 쳐다보고 있으니까, 중대장이 "골라서 가져가" 그러더라고요. 저는 돈가스라고 써진 박스 두 개를 들고 얼른 우리 초소로 돌아왔습니다. 빵이며, 과일, 라면 등도 많았지만 돈가스라는 문구가 눈에 확 들어오더라고요.

문제는 이 박스를 뜯었더니 돈가스는 안 들어있고, 돈가스 소스만 가득 들어있는 거였어요. 그날 밤 라면에 돈가스 소스 뿌려서 비벼 먹었습니다.

우리 고참이 그러더군요.
"야, 어떤 놈들은 소스 없는 돈가스 먹느라고 힘들거야?"

흔히 도둑질도 쿵짝이 맞아야 한다고 그러죠?
송대관이 쿵짝쿵짝 그러잖아요? 스프가 있어야 라면맛이 나고, 소스가 있어야 돈가스도 제맛이 나지요?

건배구호는 "울고 웃는 인생사 모두가 쿵짝"으로 하겠습니다.

제가 "울고 웃는 인생사" 그러면 여러분은 "모두가 쿵짝"을 외쳐주십시오.

핸드폰 분실

어느 날 전철을 타고 가는데 어떤 아가씨가 저보고 자기 폰을 잃어버려서 그런다며 제 핸드폰 좀 빌리자고 하는 거예요.

그 아가씨 제 폰으로 어딘가 전화를 하더군요. 그리고는 상대가 전화를 안 받는지, 몇 번 걸어보다가 그냥 돌려주더라고요.

그날 밤이었어요.
전 웬 술 취한 여자로부터 전화를 받았습니다. 그 쪽에서 대뜸 "누구시죠?" 그러는 거예요. 나도 "누구시죠?" 그랬더니, 그녀는 혀 구부러진 소리로 "부재중 전화가 여러 번 찍혀서 전화한 것인데요."

저는 그 순간 생각났어요.

낮에 그 여자구나. 이제야 자기 폰을 찾은 모양이구나 싶었지요. 문제는 그 아가씨가 술이 취해서 내 설명에도 불구하고 상황파악을 못하는 거였어요.

그날 밤 전 무슨 운명인지, 그 여자 술투정을 다 들어줘야 했답니다.

만남이란 인연은 참 희한한 것이지요. 예고 없이 찾아오거든요. 우리는 세상 살아가면서 자의든 타의든 여러 인연을 맺게 됩니다.

좋은 인연을 많이 맺자는 의미로 건배구호를 "만나면 좋은 친구"로 하겠습니다.

제가 "만나면"하면 여러분은 "좋은 친구"를 외쳐주십시오.

볶은 김치

　자취하던 전 가끔 마트에 가서 봉지김치를 사다 먹곤 했습니다. 그러던 어느 날 우리 동네에 대형마트가 문을 열었어요. 가보니 김치 종류가 어마어마하게 많더군요. 무엇을 고를까 고민하다가 점원 아줌마에게 물었죠. "용량 작은 것은 없나요?" 그랬더니 "저 쪽에서 골라보세요?" 그러는 거예요.

　그 쪽에는 또 색다른 김치들이 즐비했어요.
　그런데 내가 찾는 볶은 김치는 없더라고요. 그래서 "아줌마, 볶은 김치는 없나요?" 그랬더니 "편하게 먹고 사는 애들이 입은 더 까다롭다니까" 하면서 아줌마가 버럭 화를 내는 거였어요.

　정신이 번쩍 들더라고요.
　내가 손님인데, 하는 생각이 들었어요. 목소리를 가다듬고 "아줌마, 손님한테 그럴 수 있어요?"

　그러자 아줌마 왈 "뭐라고? 나도 손님이야." 그러더라고요.

　그랬어요. 그 말을 듣고 둘러보니 그 마트는 셀프라서 점원이 없더라고요.

　구멍가게만 다니던 놈이라 실수했습니다.

　요즘 주유소도 식당도 셀프서비스가 대세지요? 때에 따라선 셀프가 더 편리할 때가 있더라고요.

　오늘의 건배구호는 "셀프"로 하겠습니다.

　제가 "인생도" 그러면 "셀프!" 또 "사랑도" 그러면 "셀프!"를 외쳐주십시오.

층간소음
·······················

저희 가족이 4층짜리 빌라에 살 때였어요.

어느 날 아랫집 할머니가 올라오셨어요.

"할머니 어쩐 일이세요?"

그러자 할머니는 심각한 표정으로 "집안에 무슨 일 있는 거 아니죠?" 그러시는 거예요.

저는 놀라서 "아니, 왜요?" 하고 물었죠.

"하도 집안이 조용해서 무슨 일 있나 걱정이 돼서요." 그러더라고요.

할머니 말씀인 즉, 쿵쿵거리던 소리가 요 며칠째 사라졌다는 거였어요. 그땐 여름방학이라 애들이 외갓집에 가 있었거든요. 우리 아이들은 얌전해서 절대 층간소음 같은 건 걱정 안 했는데, 그것도 아니었나 봐요. 아랫집 할머니의 점잖은 충고에 우린 어찌할 줄 몰랐답니다.

나도 가해자가 될 수도 있다는 생각을 그때 처음 해봤습니다. 층간소음 때문에 살인도 한다는데, 서로 이해하고 주의하면서 살아야겠지요?

오늘의 건배구호는 "미안해요 이해해요"로 하겠습니다.

제가 "미안해요" 그러면 여러분은 "이해해요"를 외쳐주십시오.

싹싹 빌어 봐

모기가 죽어서 하나님에게 억울함을 호소하더랍니다.

"하나님, 우리 모기는 여름 한 철 겨우 사는데, 그나마 사람 눈에 띄기만 하면 왜 저희들을 때려죽이나요? 파리는 쫓기만 하잖아요? 억울해요"

이에 하나님 말씀하시길 "야, 이놈아 너도 파리처럼 손을 싹싹 빌어 봐. 뉘우칠 줄 알아야지" 그러더랍니다.

잘못을 뉘우치고, 반성하는 자에겐 용서의 폭도 커지기 마련이지요? 실수나 잘못은 빨리 뉘우칠수록 새로 출발하기가 쉬워진답니다.

오늘의 건배구호는 "잊을 건 잊고 다시 서자"입니다.

제가 "잊을 건 잊고" 그러면 여러분은 "다시 서자"를 외쳐주십시오.

오래 사는 느낌

여러분! 흡연은 백해무익이라고 하지요? 담배를 끊어야 장수한다
는 말도 많이 들어봤을 것입니다.

제 친구 말을 빌리면 오래 사는 게 아니고, 그저 오래 사는 느낌이
들 뿐이랍니다. 제 친구가 담배를 하루 끊어봤답니다. 그랬더니 하
루가 어찌나 긴지 정말 오래 사는 기분이 들더랍니다.

비록 기분일지라도, 담배 끊어서 손해 볼 일은 없을 듯싶습니다.
아직 못 끊으신 분들 지금이라도 각오를 다지시지요.

못 오를 나무는 쳐다보지도 말라고 했지만, 또 열 번 찍어 안 넘어
간 나무 없다고도 했습니다. 도전해 보세요.

오늘의 건배구호는 "백 번이라도 도전하자!"로 하겠습니다.

제가 "백 번이라도" 그러면 여러분은 "도전하자!"를 외쳐주십시오.

시간 있으세요?

여러분!

길을 가다 뒤태가 예쁜 여자를 보면 얼굴을 한 번 더 쳐다보게 되지요? 대부분 남자들이 그럴 것입니다.

제 후배가 강남대로를 걷는데 앞서 걸어가는 여자의 뒷모습이 기가 막히게 예쁘더랍니다. 말을 한 번 걸어보려고 빠른 걸음으로 다가가 조심스럽게 "시간 좀 있으세요?"라고 물으면서 얼굴을 쳐다보니, 아뿔사! 얼굴이 기대치와는 영 딴판이더랍니다.

그런데 그 여자 묻자마자 "네, 시간 많아요."라고 대답하더래요.

이 친구 당황한 나머지 "아껴 쓰세요." 그러고는 더 빠른 걸음으로 부리나케 지나쳐 걸었답니다.

사람을 보는데 있어 한 면만 보고 섣불리 판단하지 말아야겠지요? 그래야 겉만 보고 속는 일이 없을 것입니다.

오늘의 건배구호는 "안팎으로 알차게"로 하겠습니다.

제가 "안팎으로" 그러면 여러분은 "알차게!"를 외쳐주십시오.

마마보이

....

엄마에게 의지하는 경향이 심한 아이를 마마보이라고 하지요?

당연히 여자들이 싫어하는 스타일입니다. 과보호가 아이를 망쳐 놓은 경우가 많습니다.

모범생이 하루는 숙제를 안 해왔더랍니다. 선생님이 물었지요.

"왜 숙제를 안 해왔니?"

"엄마가 편찮으셔서 못했어요."

"그래, 병간호하느라고 숙제도 못했구나."

그랬더니 학생이 하는 말이

"안 아프실 때는 엄마가 늘 숙제를 해주셨거든요." 그러더랍니다.

어렸을 때부터 독립심을 심어줘야 한다고 그러잖아요?

걸음마를 배운 뒤에는 넘어져도 일으켜 세우지 말라고 했습니다. 오죽하면 걷는 연습보다 넘어지는 연습이 더 필요하다고 했을까요.

오늘의 건배구호는 "인생은 스스로"로 하겠습니다.

제가 "인생은" 하면 여러분은 "스스로"를 외쳐주십시오.

詩를 그대로 옮겨 쓰는 건배사

시인은 말한다.
아무도 모르는 말이 아니라 누구나 다 아는 말을.
단지 그가 먼저 꺼냈을 뿐이다.
그게 동감이다.

'사랑해' 라는 말

사연 많은 세상을 살아가며/ 서두르지 말아야 할 것이 있습니다./ 사랑은 상처가 깊은 이에게/ '사랑해' 라고 말하는 것입니다.

길강호 시인의 시 '사랑해라는 말'의 첫 부분입니다. 사랑해라고 말할 용기를 내는 것이 그 사람 없이 사는 고통을 견디는 것보다 훨씬 쉬운 일이라고 하네요.

누군가를 사랑하면서도 아직 고백하지 못하고 있는 분이 계십니까? 용기를 내십시오. 사랑은 확인하는 거랍니다.

오늘의 건배구호는 "용해제"로 하겠습니다. '용기 있게 해내는 게 제일이다'라는 뜻입니다.

제가 "사랑은?" 하고 물으면 여러분은 "용해제!" 라고 외쳐주십시오.

오래 보아야 사랑스럽다

'자세히 보아야 예쁘다/ 오래 보아야 사랑스럽다/ 너도 그렇다'

나태주 시인의 풀꽃이라는 시입니다.

어떤 사물이나 현상을 집중해서 또 오랫동안 보면 더 넓게 보이고, 더 깊게 보입니다.

스마트폰과 자동차는 새 것이 좋고, 술과 친구는 오래될수록 좋다고 했습니다.

여러분! 변하지 않는 우정을 위해서, 또 영원한 사랑을 위해서 건배하겠습니다. 구호는 "사랑도 우정도 오래오래"로 하겠습니다.

제가 "사랑도 우정도" 하면 여러분은 "오래오래"를 외쳐주십시오.

내 맘 알지? 니 맘 안다

'비를 맞으며 걷는 사람에겐 우산 보다 함께 걸어줄 누군가가 필요하다'

이정하 시인의 '기대어 울 수 있는 한 가슴'이란 시입니다.

세상을 살다보면 내 속을 알아주는 사람이 필요할 때가 있지요.

서로에게 위로가 되는 건배제의 하겠습니다.
구호는 "내 맘 알지? 니 맘 안다"로 하겠습니다.

제가 "내 맘 알지?"하고 물으면 여러분은 "니 맘 안다"하고 답해주십시오.

사랑하지 않는 자 유죄

노희경 시인이 말하기를

'지금 사랑하지 않는 자 모두 유죄'라고 했습니다. '살만큼만 사랑하지 말고 죽도록 사랑하라' 했습니다.

도종환 시인은 '풀잎 하나를 사랑하는 일도 괴로움'이란 시에서 '사랑은 우리가 우리 몸으로 선택한 고통'이라고 했습니다.

고통도 아름다운 고통이 있습니다.

그게 사랑입니다. 사랑은 모든 걸 치유합니다.

오늘의 건배구호는 "아픔도 사랑이다"로 하겠습니다.

제가 "아픔도" 하면 여러분은 "사랑으로"를 외쳐주십시오.

둘이 될 수 없어

'둘에서 하나를 빼면 하나일 텐데/ 너를 뺀 나는 하나일 수 없고/ 하나에다 하나를 더하면/ 둘이어야 하는데/ 너를 더한 나는 둘이 될 수 없잖아'

원태연 시인의 '둘이 될 수 없어'라는 시입니다.

하나가 되어야 완성되는 사랑을 잘 표현한 시라고 생각합니다.
수의 법칙도 녹여버리는 것이 사랑의 힘이지요.

사랑의 힘으로 건배하겠습니다.

제가 "사랑으로"하면 여러분은 "하나 되자"를 외쳐주십시오.

친구야 너는 아니?

'꽃이 필 때 꽃이 질 때 사실은 참 아픈 거래/ 나무가 꽃을 피우고
열매를 달아줄 때 사실은 참 아픈 거래'

이해인 시인의 '친구야 너는 아니?'라는 시인데요.
도종환 시인의 '흔들리지 않고 피는 꽃이 어디 있으랴'와 마찬가
지로 어려움 없이 얻어지는 건 없다는 이야기입니다.

살다 보면 어렵고 힘든 일이 왜 없겠습니까? 그러나 인생은 쓴맛
만 있는 게 아니라 단맛도 있다는 걸 우리는 알고 있지 않습니까?

건배구호는 인생의 쌉쌀함과 달콤함을 담아 하겠습니다.

제가 "쌉쌀하게" 하면 여러분은 "달달하게" 하고 외쳐주십시오.

채우고 비우고

'내려갈 때 보았네/ 올라갈 때 보지 못한 그 꽃'

고은 시인의 '꽃'이라는 시인데요.

꽃은 제 자리를 지키고 있건만 그 꽃을 보는 사람이 있고, 그 꽃을 보지 못하고 지나치는 사람이 있습니다.

현대 직장인들은 올라가는데 익숙해져 있습니다. 올라가는데 열중하다 보면 못 보는 것들이 많습니다.

놓치고 사는 건 없는지 한 번쯤 주변도 둘러보는 여유가 필요하지 않을까요?

오늘의 건배구호는 "채우고 비우고"로 하겠습니다.

제가 "술잔은?"하고 물으면 여러분은 "채우고"로 답해주시고, 제가 또 "욕심은?"하고 물으면 "비우고"를 외쳐주십시오.

사화만사성

'저녁 때 돌아갈 집이 있다는 것/ 힘들 때 마음속으로 생각할 사람이 있다는 것/ 외로울 때 혼자서 부를 노래가 있다는 것.'

나태주 시인의 '행복'이라는 시입니다.

사람도 오뚝이처럼 중심이 있어야 안정이 되고, 또 다시 일어설 수 있는가봅니다. 여러분! 출근하는 행복을 아십니까? 출근할 곳이 있다는 것, 그 곳에 가기 위해 아침에 허둥대는 것, 그것이 곧 행복 아닐까요?

오늘의 건배구호는 "사화만사성"으로 하겠습니다. '회사가 잘 돼야 모든 일을 이룬다.'는 뜻입니다.

제가 "가화만사성" 하면 여러분은 "사화만사성"을 외쳐주십시오.

나이야 가라

'꽃이 피는 건 힘들어도 지는 건 잠깐이더군/ 골고루 쳐다볼 틈 없이/ 님 한 번 생각할 틈 없이/ 아주 잠깐이더군.'

최영미 시인의 '선운사에서' 라는 시입니다.

요즘을 백세시대라고 하는데요. 그래도 인생은 짧습니다. 나이를 먹을수록 세월이 더 빨라진다고 하잖아요?

그러나 어디 나이가 대숩니까? 숫자에 불과한 나이는 이제 저 멀리 버리고 삽시다.

오늘은 건배구호를 "나이야 가라"로 하겠습니다.

제가 "나이야" 하면 여러분은 "가라"를 힘차게 외쳐주십시오.

누나 언니
·····················

'내린다는 말보다/ 온다는 말이 좋다/ 너도 눈처럼/ 마냥 오기만
하여라.'

댓글시인으로 잘 알려진 제페토님의 시 '눈이 오네'입니다.

사랑하는 사람이 온다는 건 반가운 일입니다. 여러분도 마냥 오기
만 했으면 좋을 사람이 있습니까?

그리고 누군가 여러분이 오기를 기다리고 있는 사람은 있습니까?
정녕 누구에겐가 기다림의 대상이 될 수 있는 사람. 그런 사람은 행
복한 사람입니다.

오늘의 건배구호는 "누나 언니"로 하겠습니다. '누가 나의 편? 언
제나 니 편'이란 뜻입니다.

제가 "누나?" 하면 여러분은 "언니"라고 답해주십시오.

가을은 남자의 계절

'당신 생각을 켜놓고 잠이 들었습니다'

함만복 시인의 '가을'이란 시입니다.

여자는 봄바람이지만, 남자는 가을을 탄다고 하지요?

트렌츠코트를 입어 봐도 가슴이 시리고, 그다지 슬프지도 않은 드라마를 보아도 눈물이 나고, 친구들과 어울려 봐도 돌아오는 길이 외롭긴 마찬가지지요?

이 가을에 누군가를 그리워만 하지 말고 지금 당장 전화하십시오. 그리고 소주 한 잔 하자고 하십시오. 사랑하기 좋은 계절입니다.

오늘 건배구호는 "어머나"로 하겠습니다. 그 뜻은 '어디든 머문 곳에는 나만의 발자취를 남기자.'입니다. 무슨 뜻인지 아시겠죠?

제가 "사랑합니다." 그러면 여러분은 "어머나!"하고 외쳐주십시오.

힐러리
....

'울지 마라/ 외로우니까 사람이다/ 살아간다는 것은 외로움을 견디는 일이다/ 공연히 오지 않는 전화를 기다리지 마라/ 눈이 오면 눈길을 걷고/ 비가 오면 빗길을 걸어가라.'

정호승 시인의 '수선화에게'란 시입니다.

인생길 외롭다는 건 누가 알려주지 않아도 살면서 알게 되는 진리이지요?

외로운 길을 외롭지 않게 가려고, 우리는 사랑을 하고, 배우고, 또 일을 하는 게 아닐까요? 견디며 사는 것과 즐기며 사는 것은 엄연히 다릅니다.

주어진 조건에서 넉넉하게 살자는 의미에서 오늘의 건배구호는 "힐러리"로 하겠습니다. '힐링하고 런닝하고 리딩하자.'는 뜻입니다.

제가 "남은 인생?" 그러면 여러분은 "힐러리"를 외쳐주십시오.

일십백천만

'이번까지만 이렇게 하고/ 다음부터 이러지 말아야지/ 라며 버려 버린 시간들이/ 언젠간 한데 모여/ 우린 뭐 네 인생 아니었냐고 따져 물어올 것만 같다.

엄지용 시인의 '다음부터'란 시입니다.

우리는 오늘보다 더 빛나는 내일을 기대하기 때문에 오늘 힘들어도 참고 웃을 수 있는 것이지요? 우리 인생에 내일이 없다면 얼마나 우울할까요?

그러나 내일도 모레가 되면 어제가 된다는 사실을 잊지 말아야 하겠습니다.

하루하루를 충실하게 살자라는 뜻의 건배구호 "일십백천만"을 외처보겠습니다. '하루에 한 번 좋은 일을 하고, 열 번 웃고, 백 자 이상 쓰고, 천 자 이상 읽으며, 일 만 보 이상 걷자.'라는 뜻입니다.

제가 "오늘 하루?" 그러면 여러분은 "일십백천만"을 외쳐주십시오.

세느강만 흐르네

'밤이여 오라 시간이여 울려라/ 세월은 가고 나는 남았네.'
아폴리네르의 시 '미라보 다리아래'에서 나온 후렴 구절입니다.

가는 세월을, 멀어져간 사랑을 어떡하겠습니까?
여러분!
사랑은 다가오는 것입니까? 아니면 떠나가는 것입니까?

오는 사람 막지 않고 떠나는 사람 잡지 않겠다고요?

오늘은 청춘을 즐기자는 의미로 건배구호를 "흥청망청"으로 하겠
습니다. 그 뜻은 '흥해도 청춘 망쳐도 청춘' 입니다.

제가 "청춘불패" 그러면 여러분은 "흥청망청"을 외쳐주십시오.

그 사람을 그대는 가졌는가?

'만리 길 나서는 길/ 처자를 내맡기며/ 맘 놓고 갈 만한 사람/ 그 사람을 그대는 가졌는가.'

함석헌 선생님의 '그 사람을 그대는 가졌는가.'라는 시의 첫소절입니다.

백세시대에는 소중한 사람과 행복하게 인생을 살아가는 것이 중요합니다. 늙어갈수록 친구가 필요한 이유지요.

오늘의 건배구호는 "명품백"과 "무소유"로 하겠습니다.

"명품백"은 '명퇴조심 품위유지 백수방지'이고, "무소유"는 '무한믿음으로 소신껏 지키고 유지하자 우리사랑'입니다.

제가 "명품백" 그러면 여러분은 "무소유"라고 외쳐주십시오.

누군가의 일화로 시작하는 건배사

성공한 사람의 삶이 거울이 될 수 있다면
한번쯤 내 얼굴을 그 거울에 비춰볼 일이다.
그가 뭐라고 말하든 상관없다.
지금 나의 상대는 바로 나니까?

단순 무식하게 즐기자

"나머지 인생을 설탕물이나 팔면서 보내겠습니까? 아니면 세상을 바꿔놓을 기회를 갖고 싶습니까?"

펩시콜라에서 승승장구하고 있는 존 스컬리를 애플로 영입하면서 스티브 잡스가 한 말입니다.

제품개발에 철저하게 단순함을 추구한 잡스는 인재영입에도 이처럼 단순하면서도 정곡을 찌르는 화법으로 상대의 마음을 움직였다고 합니다.

아무리 복잡한 세상이라 할지라도 단순하게 보려고 하면 또 그렇게 보인다네요.

오늘 이 시간만큼은 세상 시름 다 잊고 즐거운 시간을 가져보자는 뜻에서 건배구호를 "단무지"로 하겠습니다. '단순 무식하게 지금을 즐기자'는 뜻입니다. 짜장면엔 단무지 반찬이 최고지요?

제가 "짜장면" 그러면 여러분은 "단무지"를 외쳐주십시오.

나 중대장이다

막말로 유명한 춘성 스님이 남긴 일화입니다.

스님이 통금시간이 지나 자기가 주지로 있는 절로 돌아가는데 검문에 걸렸답니다.

초소근무병이

"거 누구요?" 하고 물으니까, 스님 왈 "나 중대장이다"

초병이 스님을 알아보고

"무슨 중대장이요? 스님이구만!" 하니까, 스님의 설명이 가관이었습니다.

"야! 임마, 내가 이 절의 중들 중에 대장이라고" 그러더랍니다.

여러분은 무슨 대장이 되고 싶습니까?

오늘의 건배구호는 중대장으로 하겠습니다.

'중심 잡고 대동단결하여 장차 성공하자'라는 뜻입니다.

제가 "거 누구요?"하고 물으면 여러분은 "중대장"이라고 외쳐주십시오.

어명이요

....

조선시대 때 한 정승이 임금을 알현하러 입궐했는데 하필 그 시간에 임금이 코털을 뽑고 있었답니다. 정승이 보기에 하도 민망한지라 "전하 체통을 지키십시오." 그러니까 임금 왈 "재밌어. 너도 해봐" 그러더랍니다. 그리고 얼마 지나지 않아 정승이 사랑채에 앉아 모처럼 한가한 시간을 보내는데, 심심한 터라 경대 앞에 앉아 코털을 뽑고 있었답니다. 이때 찻상을 가지고 온 며느리가 깜짝 놀라 "아버님 체통을 지키셔야지요." 했더니 정승이 하는 말이 가관입니다. "어명이니라." 그렇지요. 어명이니까 따라야겠지요. 어명이면 사약도 받지 않았습니까? 여러분 술잔을 드십시오.

오늘 건배구호는 어명으로 하겠습니다.
제가 "잔을 드시오" 하면 여러분은 젊잖게 "어명이니라!" 하시면 되겠습니다.

전화 한 통

백제의 멸망은 의자왕의 방탕한 생활에서 비롯됐다고 하지요? 그러나 결정적 요인은 소통부재에 따른 정보부족이었다고 합니다.

나당연합군의 침입을 알려주는 문자만 한 통 받았어도 백제 역사가 바뀌었겠죠?

우리민족의 영웅 김구 선생이 인천교도소에서 사형집행을 앞두고 있을 때, 그를 구한 건 고종의 전화 한통이었다고 합니다. 마침 3일 전에 개통된 한성-재물포간 행정전화가 역할을 톡톡히 해낸 것인데요. 이 전화가 없었더라면 사형집행보류 지시는 사형집행 후에나 전달되었을 것입니다.

여러분 전화 절대 씹어서는 안 되겠지요?

오늘의 건배구호는 "의사소통 전화 한통"으로 하겠습니다.
제가 "의사소통" 하면 여러분은 "전화 한통" 해주십시오.

내가 날아갈게요

간디가 영국에서 유학생활 할 때 옹졸한 교수 한 명이 그를 괄시했답니다. 하루는 식당에서 점심을 먹고 있는데, 교수가 다가와서는 "돼지와 새가 한 자리에 앉아서 식사하는 경우는 없습니다." 그러더랍니다.

간디 왈 "그럼 제가 다른 곳으로 날아갈게요." 하면서 자리를 옮겼답니다. 그 자리에 남은 교수는 졸지에 돼지가 돼 버린 거지요.

여러분! 이런 옹졸함에서 벗어나 화끈하게 도와주는 사람이 됩시다.

오늘의 건배구호는 "평화통일"로 하겠습니다. '평소에 도와주자. 화끈하게 도와주자. 통 크게 도와주자. 일 만들어서 도와주자.'라는 뜻입니다.

제가 "오늘부터" 하면 여러분은 "평화통일"을 외쳐주십시오.

스티브 잡스

평소 생부와 생모의 존재를 부정했던 스티브 잡스는 어느 날 생각이 바뀌어, 어머니 조앤 심슨에게 전화를 걸어 "낙태할 수도 있었을텐데 그런 결정을 내리지 않은 것을 고맙게 여긴다."고 감사의 인사를 했답니다.

생부는 당시 실리콘벨리에서 레스토랑을 운영하고 있었고, 잡스는 여러 차례 그를 보러 갔는데, 생부가 자신의 아들인 것을 전혀 눈치 채지 못한 것에 실망한 나머지, 끝내 자신을 밝히지 않았답니다.

자신의 육체적 출생에 감사했던 잡스는 췌장암 수술을 미루다가 숨졌는데, 눈을 감는 순간, 몸을 지키지 못한 걸 크게 후회했다고 합니다.

지혜를 담는 그릇, 몸을 지키는 게 얼마나 소중한 일입니까?

여러분! 건강을 지키자는 뜻에서 저는 구호를 "팔공산"으로 하겠습니다. 팔십대까지 공도 치고 산에도 가자는 뜻입니다.

제가 "팔공산" 하면 여러분은 구십구 세까지 팔팔하게 살자고 "구구팔팔"를 외쳐주십시오.

떨어뜨릴 공?

조선 후기의 정치가 맹사성이 어느 날 허름한 주막에 들러서 한 젊은이에게 말을 걸었답니다.

"심심하니, 우리 장기나 한판 두지 않을 공? 자네는 끝에 당자로 운을 다시게"

"좋도록 합시 당" 젊은이가 말을 받았습니다.

맹사성은 "어디 가는 길인 공?"하고 물었고, 젊은이는 "과거보러 한양 가는 길이 당"하고 답했습니다.

"마침 내가 잘 아는 시험관이 있는데 글제를 알아다 줄 공?" 그러자 젊은이가 장기판을 뒤엎고는 "뭐 이런 늙은이가 있 당!" 하면서 화를 내고는 상대도 하지 않았답니다.

그 뒤 젊은이는 과거시험 면접장에서 시험관 자리에 앉아 있는 그 늙은이와 맞닥뜨렸습니다. 맹사성이 장난삼아 물었습니다.

"떨어뜨릴 공?" "아이고 살려줍시 당"

청렴과 공정을 미리 보여준 청년은 두말할 것도 없이 합격했겠죠?

오늘 건배구호는 "당나귀"와 "당기나기"로 하겠습니다. "당나귀" 는 '당신과 나의 귀한 만남'을 말하고, "당기나기"는 '당신의 기쁨 이 나의 기쁨이다.' 라는 뜻입니다.

제가 "당나귀"하면 여러분은 "당기나기"를 외쳐주십시오.

짝짝이 신발

조선 중기 문장가인 임제는 한때 벼슬이 예조정랑까지 올랐으나 관직을 남루로 여겼던 사람입니다. 하루는 그가 오른발에는 비단신을 신고, 왼발에는 갓신을 신은 채 말에 올랐답니다.

마부가 신발이 짝짝이라고 여쭙자, "길 오른편으로 가는 사람은 나더러 비단신을 신었다 하겠고, 길 왼편으로 가는 사람은 나더러 갓신을 신었다 할 것이다. 누가 짝짝이로 신었다 하겠는가?"라고 답하더랍니다.

보는 사람과 보여주는 사람의 시각차는 이처럼 클 수 있습니다. 세상을 살다보면 우리는 보는 사람이 되기도 하고, 때론 보여주는 사람이 되기도 합니다.

볼 것은 안 보고 아니 보아야 할 것만 보고 사는 것은 아닌지 한번
쯤 생각해 볼 일입니다.

오늘의 건배구호는 제가 "자전거"를 외치면 여러분은 "주전자"를
외쳐주십시오. "자전거"는 '자신감을 갖고 전문성을 갖춰 거리로
나서자'는 뜻이고, "주전자"는 '주인의식을 갖고 전문성을 갖춰 자
신 있게 살자'는 뜻입니다.

제가 "자전거" 그러면 여러분은 "주전자"를 외쳐주십시오.

마이클잭슨의 낙서

무주리조트 스위트룸에 가면 마이클 잭슨의 낙서가 남아 있습니다. 1997년 11월 18일. 마이클 잭슨이 하룻밤 묵은 적이 있는데요. 그는 당시 투자를 검토하기 위해 방한중이였습니다.

볼펜의 철심을 이용해 그가 나무탁자에 아로새긴 것은 자화상인 듯싶은 사람의 얼굴과 '한국은 신이고, 무주는 사랑입니다. 영원한 사랑을 담아.'라고 하는 글씨였습니다. 물론 한글이 아니라 영어로 썼지요. 머나 먼 이국땅에서 그는 낙서로 불면의 밤을 달랬던 것입니다.

그는 죽기 전에도 상당 기간 동안 불면증에 시달렸던 것으로 알려졌습니다. 불면은 겪어 본 사람만이 알지만 정말 고통스런 병이지요. 불면을 부추기는 공신(?) 중 한 놈이 또 스트레스란 놈이라네요.

이래저래 날려버려야 할 놈이 스트레스 같아요. 스트레스를 확 날려버리자는 의미에서 건배구호를 "스트레스"로 하겠습니다.

제가 "야, 임마 스트레스" 하면 여러분은 "너, 나가!"라고 외쳐주십시오.

관음증

11세기, 영국 코벤트리 영주였던 레오프릭이 혹독한 세금으로 농민들을 괴롭히자 이를 보다 못한 그의 아내 고다이버(Lady Godiva)가 남편에게 과중한 세금을 줄여주자고 제의했답니다.

그러자 그녀의 정숙함을 잘 알고 있던 영주는 '설마'라는 생각에 "당신이 벌거벗은 몸으로 말을 타고 마을을 한 바퀴 도시오."라고 말했습니다. 농민들은 자기들을 위해 어려운 결심을 한 부인의 알몸을 차마 볼 수 없다며 창문을 걸어 잠그고 커튼을 쳤다고 합니다.

그런데 그 와중에도 호기심을 참지 못하고 부인의 알몸을 훔쳐본 이가 딱 한 명 있었으니, 톰(Tom)이라는 양복점 직원이었습니다. 이때부터 사람들은 관음증이 있는 사람을 일컬어 피핑 톰(Peeping Tom)이라고 했다네요.

얼마 전 '투시안경'을 인터넷 쇼핑몰에서 판매한다고 해서 세상이 떠들썩한 적이 있습니다. 호기심을 교묘히 이용한 상술임이 밝혀졌지만 '가능할까?'라는 의문은 아직도 사람들의 궁금증을 자극하고 있습니다. 본성은 어쩔 수 없나 봅니다.

건배구호는 "투시안경 어디보자"로 하겠습니다.

제가 "투시안경" 하면 여러분이 "어디보자"라고 해주세요.

힘차게 달리자

치타, 표범, 타조 등 달리기하면 내로라하는 동물들이 100m 경주를 앞두고 있었습니다. 그때 달팽이 한 마리가 기어오더랍니다.

치타가 비웃으며 말했지요. "야, 너도 경주하려고?" 그러자 달팽이가 대답했습니다. "난 심판이야. 조금만 기다려. 100m 줄긋고 올게"

인간은 얼마나 빨리 달릴 수 있을까요? '스포츠는 과학이다.'라는 말이 있습니다. 과학이 발달하는 한 인간의 속도도 더 빨라질 수밖에 없을 것입니다.

오늘은 힘차게 달리자는 뜻으로 건배구호를 "달리자"로 하겠습니다.

제가 "힘차게"를 외치겠습니다. 여러분은 "달리자"를 외쳐주십시오.

대학찰옥수수

영화 '웰컴 투 동막골'을 보면 옥수수 곳간으로 떨어진 수류탄이 폭발하면서 팝콘이 눈처럼 하얗게 날리는 장면이 나오지요? 그거 다 특수효과로 만든 것이랍니다. 요즘 한창 뜨고 있는 간식용 옥수수 '대학찰옥수수'를 아십니까? 당시 종자가 많지 않아 괴산군 중에서도 장연면에서만 재배하던 귀한 몸인데, 전북 무주에서도 이 옥수수가 유명해진 것은 최봉호 교수의 남다른 처갓집 사랑 덕분이라고 합니다. 최 교수의 처가가 무주였거든요. 처갓집 사랑, 꼭 애처가들의 전유물은 아니죠? 오늘은 처갓집 장인과 장모님을 생각하면서 잔을 들어봅시다.

오늘 건배구호는 "처갓집"으로 하겠습니다. '처음처럼 딱 한 병만 마시고 가자 집으로'라는 뜻이랍니다.

제가 "뭣이 중헌디?" 하면 여러분은 "처갓집"이라고 외쳐주십시오.

뜻이 있는 곳에 길이 있다

남한 문인들이 행사 차 북한을 방문했을 때, 한 작가가 같은 예술가 끼리 농담이 통하겠구나 싶어서 북측 인사에게 농담을 걸었답니다.

"남한에는 모텔, 여관 등이 많아서 언제든지 사랑을 나눌 수 있는데 북한에는 그런 게 없으니 답답하겠습니다."

그러자 북측 인사가 대답했습니다.

"뜻이 있는 곳에 길이 있습네다"

그렇지요? 누가 가르쳐주지 않아도, 또 배우지 않아도 할 수 있는게 있습니다. 뜻을 세우면 안 되는 일이 없습니다.

북한 주민들도 마음 놓고 사랑할 수 있는 그날을 위해, 그리고 우리들의 행복을 위해 건배하겠습니다. 건배구호는 "성행위"입니다. 그 뜻은 '성공과 행복을 위하여' 입니다.

제가 "우리 모두의" 그러면 여러분은 "성행위"를 외쳐주십시오.

파마머리

....

탄핵선고 때 이정미 헌재소장 권한대행의 헤어스타일이 화제에
올랐죠? 헤어롤 두 개를 그대로 머리에 단 채 출근하는 사진을 보고
해외언론은 '한국의 일하는 여성의 표상'이라고 보도했다네요.

자신의 머리를 직접 손질하는 검소함을 보여준 모습이 많은 사람
들을 감동시켰지요?

한국 여성의 대표 헤어스타일로 자리잡은 파마머리는 한 번 해놓
으면 오랫동안 풀리지 않아 자주 미장원에 가는 번거로움을 덜어줄
뿐 아니라, 손질이 편리해서 많은 여성들로부터 꾸준히 사랑받는
헤어스타일입니다.

'편안함과 익숙해져라. 그게 습관이다.'라는 말이 있습니다. 좋은

습관이라면 일부러라도 따라해야겠지요?

오늘 구호는 "일파만파"로 하면 어떻겠습니까? '한 사람이 파이팅하면 모든 사람이 파이팅 한다.'는 뜻입니다.

제가 "파마머리"하면 여러분이 "일파만파"하고 외쳐주십시오.

마티니

미국의 32대 대통령 루즈벨트는 네 번이나 대통령을 한 걸로 유명합니다. 그러나 애주가들이 그를 기억해야 할 것이 또 하나 있습니다.

그는 취임 5일만에 금주 검토를 위한 특별위원회를 만들었고, 그 결과 종교적, 사회적 분위기 때문에 아무도 입 밖에 내지 못했던 금주령을 풀었습니다.

실은 루즈벨트가 애주가였거든요. 그가 처칠, 스탈린과 함께 마셨던 술의 이름은 '마티니'였다는데요, 칵테일의 제왕이라고 불리는 술이지요.

'좋은 벗이 있으면 어떤 술이든 그 술이 최고다'라는 말이 있지요? 여러분은 좋은 친구를 가지겠습니까? 아니면 좋은 술을 가지겠습니까?

건배구호는 마티니로 하겠습니다.
'마시되 티내지 말고 니 알아서 마셔라'는 뜻입니다.

제가 "마시자!" 하면 여러분은 "마티니" 하고 외쳐주십시오.

엄마, 나 챔피언 먹었어

"엄마! 나 챔피언 먹었어." 4전5기의 신화를 쓰면서 승리한 홍수환 선수가 엄마에게 국제전화를 걸어 했던 말입니다.

얼마 전 그때 홍수환 선수에게 패했던 카라스키아 선수가 파나마 국회의원이 되어 우리나라를 방문한 적이 있었습니다.

"지는 것은 다음에 이기기 위한 것이다."

정치인으로 성공한 그가 한국에 와서 남긴 말입니다.

실패하지 않는 것이 중요한 것이 아니라, 실패할 때마다 다시 일어서는 것이 더 중요하다는 공자의 말씀도 있습니다.

여러분 오늘의 건배구호는 "천만다행"으로 하겠습니다. 그 뜻은 '천 번 만 번 넘어져도 다시 일어나야 행운을 잡을 수 있다.'입니다.

제가 "4전5기"를 외치면 여러분은 "천만다행"을 힘차게 외쳐주십시오.

한 발 한 발 걸어서

"한 발 한 발 걸어서 올라갔습니다."

세계 최초로 에베레스트를 등정한 에드먼드 힐러리에게 "어떻게 올라갔습니까?"라고 물었을 때 그의 대답입니다.

너무도 상식적인 말이지요? 그러나 이보다 현실적인 답도 없습니다. 한 발 한 발 걷지 않고는 절대로 정상에 오를 수 없는 법이니까요.

오늘도 우리는 인생이란 길을 한 발 한 발 걷고 있습니다. 어디를 향하는가? 그 목적지는 각자 다를 수 있습니다. 분명한 것은 한 걸음도 걷지 않고는 앞으로 나갈 수 없다는 것입니다.

오늘의 건배구호는 "앞으로 나가자"로 하겠습니다.
제가 "나가자!" 하면 여러분은 "앞으로!"를 외쳐주십시오.

재까지 태웠다

"재까지 한 톨 남지 않도록 태우고 또 태웠다"

발레리나 강수진 씨의 말입니다. 한 분야에서 위대한 일을 이룬 사람들의 삶엔 반드시 부단한 노력이 자리하고 있습니다.

얼마 전 TV에서 강수진 씨의 발을 본 적이 있습니다. 도저히 그 아름다운 율동을 구사하는 사람의 발이라고는 믿기지 않을 정도로 발이 상처투성이였습니다. 대부분 사람들은 성공한 사람을 부러워합니다. 그러나 그들이 재까지 남기지 않을 정도로 태우고 또 태운 노력에 대해서는 미처 생각하지 못 합니다.

오늘의 건배구호는 최선을 다하자는 의미로 "뜨겁게 불태우자"로 하겠습니다.

제가 "뜨겁게"하고 외치겠습니다. 여러분은 "불태우자"를 외쳐주십시오.

나는 아직 배가 고프다

"가능성은 50%다. 그러나 매일 1%씩 올리면 결국 100%가 될 것이다." 축구감독 거스 히딩크가 한 말입니다.

모든 승부의 가능성은 50%입니다. 지던지 이기던지, 둘 중 하나겠지요. 여기서 승률을 높일 수 있는 방법은 기량을 향상시키기 위한 노력 밖에 없습니다.

히딩크 감독은 "나는 아직 배가 고프다"며 더 많은 노력을 주문한 바 있지요?

똑 같이 50%의 가능성을 가지고 출발한 우리의 인생을 성공으로 이끌 수 있는 방법, 즉 승률을 올릴 수 있는 방법은 무엇일까요?

오늘의 건배구호는 우리 인생의 확실한 성공을 위하여 "승률 100%"로 하겠습니다.

제가 "우리의 승률은?" 하고 물으면 "100%"라고 외쳐주십시오.

1분을 참아내는 힘

"99도까지 열심히 온도를 올려놓아도 마지막 1도를 넘기지 못하면 영원히 물은 끓지 않습니다. 물을 끓이는 건 마지막 1도입니다. 포기하고 싶은 바로 그 1분을 참아내야 한다."

피겨 여왕 김연아 선수가 한 말입니다.

김연아 선수가 얼마나 많은 노력을 경주했는지 짐작하게 하는 말이지요.

인생 마디마디마다 매 1분이 존재하기 마련이죠? 김연아 선수는 그 1분을 참아내는 힘이 승리의 원동력이라고 했습니다.

오늘의 건배구호는 "최후의 1도까지"로 하겠습니다.

제가 "최후의"하면 여러분은 "1도까지"를 외쳐주십시오.

큰 것만 보면

처칠의 의원시절 일화입니다. 대기업 국유화를 반대했던 처칠이 정회하는 동안 화장실을 갔는데, 의원들이 일시에 몰리는 바람에 빈자리가 없더랍니다.

그러다 겨우 한 자리가 비었는데 하필 대기업국유화를 강력히 주장하던 노동당 당수 옆자리였습니다. 처칠은 다른 자리가 빌 때까지 기다렸답니다. 그걸 보고 있던 노동당 당수가 "제 옆자리가 비었는데 왜 안 쓰시는 것입니까?"하고 물었답니다. 그러자 처칠이 말했습니다.

"겁이 나서 그렇습니다. 당신은 큰 것만 보면 국유화하자고 하는데, 혹시 제 것도 국유화하자고 하면 어떡합니까?" 그러더랍니다.

처칠다운 말이지요? 윈스턴 처칠은 키가 크지도, 잘 생긴 것도 아니었다는데, 그가 남긴 말들을 보면 과연 영웅의 면모를 엿볼 수 있습니다.

오늘의 건배구호는 처칠이 남긴 명언으로 하겠습니다.
'모든 것을 이해하면 모든 것을 용서할 수 있다' 입니다.

제가 "이해하자" 그러면 여러분은 "용서하자"를 외쳐주십시오.

목적지
....

어느 날 아인슈타인이 기차역에서 무언가를 열심히 찾고 있더랍니다. 역무원이 그를 알아보고 달려가 "선생님, 어디를 가시려고 그러십니까?"하고 물었다네요. 그랬더니 아인슈타인 선생이 "표를 찾고 있어"그러더래요. "선생님은 표 없이 그냥 타셔도 됩니다."라며 역무원이 배려를 해주었다네요. 그러자 아인슈타인이 하는 말 "표를 찾아야 내가 어디 가는지 알지?"그러더랍니다. 가고 있는 목적지를 알기 전에는 한 걸음도 간 것이 아니다. 괴테가 한 말입니다. 여러분의 목적지는 어디 입니까?

오늘의 건배구호는 "갈 때가지 가보자!"가 아니고 "알고 가자"입니다.
제가 "어디인지?"하고 물으면 여러분은 "알고 가자!"를 외쳐주십시오.

무너진 버킹검 담장

제2차 세계대전 당시 독일군의 폭격으로 영국의 버킹검궁의 담장 일부가 무너진 적이 있었답니다. 영국인들은 이 일로 자존심에 큰 상처를 입었다네요. 버킹검궁은 영국의 상징이지 않습니까?

이때 엘리자베스 여왕이 대국민 담화를 발표했는데요, 국민 여러분! 안심하십시오. 독일군의 폭격으로 왕실과 국민 사이의 장벽이 사라졌습니다. 이제 여러분의 얼굴을 더 잘 볼 수 있고, 여러분의 말을 더 잘 들을 수 있게 됐습니다. 우리가 하나로 뭉치면 이길 수 있습니다.

여왕의 이 담화를 통해 영국민은 힘을 얻을 수 있었다고 합니다. 긍정의 힘은 대단한 것 같습니다.

오늘의 건배구호는 소통을 위해 장벽을 없애자는 의미로 "장벽은 허물고 소통은 넓히자"로 하겠습니다.

제가 "장벽은?" 하면 여러분은 "허물고!"를 외쳐주시고, 제가 "소통은?" 하면 여러분은 "넓히고!"를 외쳐주십시오.

박원순의 가난한 행복

얼마 전 공지영 작가가 쓴 글을 보니까 박원순 서울시장과의 인터뷰 이야기가 나오더군요. 박시장이 어린 시절을 가난하게 보냈다는 이야기를 꺼냈어요. 자기 공부시키느라 누나들은 배우지 못한 것이 미안하다는 말도 했지요.

그러니까 공지영 작가가 무심히 물었어요.

"참 불운한 어린 시절을 보내고도 …"

그러자 박시장이 정색을 하며 말을 끊었다고 하네요.

"제가 가난했다고 했지, 불행했다고 하지는 않았습니다."

그래요 가난하다고 불행하고, 부자라고 해서 행복한 것은 아니지요? 물질로 바꿀 수 없는 행복은 바로 우리 마음속에 있습니다.

오늘의 건배구호는 "행복은 맘속에"로 하겠습니다.

제가 "행복은" 그러면 여러분은 "맘속에!"라고 외쳐주십시오.

합격사과

1991년 사과로 유명한 일본 아오모리 현이 태풍으로 무려 90%의 사과가 떨어지는 큰 피해를 입었답니다. 많은 농민들이 당장 먹고 살기 힘들어서 마을을 떠났지요. 그런데 한 농민은 "아직 10%가 남았으니 다행이다"며 10%의 사과를 어떻게 값비싸게 팔 것인지 고민했답니다. 이때 탄생한 사과가 '떨어지지 않는 사과' 이른바 "합격사과"입니다. 비싼 값에도 불티나게 팔렸다고 하네요.

똑같은 현실이라도 어떻게 받아 들이냐에 따라 결과가 달라질 수 있는 것이지요. 긍정적 사고는 재앙도 복으로 바꿀 수 있습니다.

오늘의 건배구호는 "긍정이 힘이다."로 하겠습니다.

제가 "긍정이"하고 말하면 여러분이 "힘이다"를 외쳐주십시오.

박수근의 빨래터

작품 '빨래터'로 유명한 박수근 화백은 한국전쟁중에 미군 PX에서 군인들의 초상화를 그려주며 생계를 꾸렸다고 합니다. 빨래터도 그때 미군 병사에게 선물한 그림이라고 하네요.

미군 병사는 까맣게 잊고 있다가 80세의 노인이 되어 이 작품을 시장에 내놓았는데 무려 45억 2천만 원이라는 천문학적 가치를 인정받게 됩니다.

'원수는 물에 새기고 은혜는 돌에 새겨라.'는 말이 있는데 앞으로는 '은혜는 캔버스에 그려라.'라는 말로 바꿔야할 거 같아요.

오늘의 건배구호는 "원망은 풀고 은혜는 새기자"로 하겠습니다.

제가 "원망은?"하면 여러분은 "풀자", 그리고 "은혜는?"하면 "새기자"라고 외쳐주십시오.

상식에서 꺼내 쓰는 건배사

상식의 영토에서 지식이 자란다.
상식의 밭을 가꿔야 하는 이유이다.
상식이 질문을 던지면 그것은 지식이 된다.

새우깡

여러분도 아시다시피 붕어빵에는 붕어가 들어있지 않습니다.

그러나 새우깡에는 소량이지만 진짜 새우가 들어있답니다. 그것도 국내산 생새우랍니다.

새우는 왜 하필 '깡'이란 라스트 네임을 갖게 되었을까요? 농심의 신춘호 회장이 막 말을 배우기 시작한 자신의 어린 딸이 '아리랑'을 '아리깡'이라고 부르는 데서 힌트를 얻었다고 합니다.

깡이라는 말은 악착같이 버티어 나가는 오기를 속되게 이르는 말로 '깡다구'와 같은 말입니다.

새우깡은 장수브랜드가 되었습니다.

포장지 이미지 한번 안 바꾸고 50년을 깡으로 버티고 있습니다.

'양파깡' '감자깡' 등 동생들도 거느리고 있습니다.

여러분! 새우도 깡이 있는데 우리도 깡 좀 키워야 하지 않겠습니까?

오늘의 건배구호는 "깡이다"로 하겠습니다.

제가 "악착 같이"하면 여러분은 "깡으로"로 라고 외쳐주십시오.

젖은 낙엽

젖은 낙엽은 어디서나 찬밥 신세입니다.

빗자루에 달라붙는 젖은 낙엽처럼 24시간 내내 아내의 주위를 맴돌려고만 하는 남자들을 '젖은 낙엽족'이라고 한답니다.

별다른 준비 없이 은퇴한 60대 남편들이 이에 해당합니다.

일본에서는 자신이 '젖은 낙엽족'에 얼마나 가까이 가 있는지를 알아볼 수 있는 자가진단법까지 등장했다고 합니다.

여러분! 젖은 낙엽 신세를 면하려면 어떻게 해야 하겠습니까?

오늘의 건배구호는 "쫄바지"와 "청바지"로 하겠습니다. "쫄바지"는 '쫄지마, 바보야 지금부터야'라는 뜻이고 "청바지"는 '청춘은 바로 지금부터'라는 뜻입니다.

제가 "쫄바지"하면 여러분은 "청바지"를 외쳐주십시오.

오뉴월 개팔자

농촌에서는 오뉴월이 가장 바쁜 시기입니다.

이때를 놓치면 농사를 그르치기 때문에 농부들의 손발이 분주해지지요. 오죽하면 아궁이 앞에 부지깽이도 뛴다고 했을까요?

그러나 이 바쁜 시기에도 유독 한가한 놈이 있습니다. 마루 밑에서 낮잠을 즐기는 누렁이지요. '오뉴월 개 팔자'라고 하지 않습니까? '개 팔자가 상팔자'는 요즘에도 통합니다. 호텔을 드나들고, 정기검진도 받고, 심지어는 여권까지 발급받아 여행도 떠난다네요.

자칫하면 개 같은 인생이 아니라, 개만도 못한 인생을 살 수도 있을 것입니다.

여기서 구호 외치겠습니다.

제가 '개인과 나라의 발전'을 뜻하는 "개나발"을 외치면 여러분은 '당신과 나의 발전'을 기원하면서 "당나발"을 외쳐주십시오.

시각차이

아침마다 화장하는 여성일지라도 매일 똑같은 화장을 하기는 쉽지 않습니다. 아무리 신경을 써서 그린 눈썹이라 할지라도 좌우가 똑같을 수는 없기 때문입니다. 거리에 나온 모든 여성들이 짝짝이 눈썹을 하고 다닌다고 해도 과언이 아닐 것입니다. 본시 인간의 얼굴 자체가 완벽한 대칭이 아니랍니다. 우리나라 국보 제24호로 지정된 석굴암 본존불상의 얼굴도 비대칭이랍니다.

복잡하고 다양해진 사회를 살고 있는 현대인들 사이에 '차이'가 존재하는 것은 당연하겠지요? 이런 차이가 갈등으로 비화되는 게 문제입니다.

건배구호는 "서로의 차이를 좁히자"로 하겠습니다.

제가 "서로의 차이를" 하고 선창하면 여러분은 "좁히자"를 후창해 주십시오.

빨간 우체통

최근 거리에서 우체통 보기가 쉽지 않지요?
이메일, 카톡 등에 밀려 편지가 줄고 있기 때문입니다.

우리나라 우체통의 수는 1993년 5만 7천 개에 이르렀던 것이 현재는 절반으로 줄었다네요. 우체통은 시대의 변천에 따라 형태나 재질은 변화를 거듭했으나 색상만큼은 여전히 빨간색입니다.

빨간색은 눈에 잘 띈다는 장점이 있죠?
소방차나 사이렌의 불빛 역시 빨간색입니다. 멀리서 보아도 잘 보이게 한 것이지요. 빨간색은 또 긴급, 신속을 의미하기도 하지요.

여러분! 고지서 말고 편지 받아보신 지 얼마나 됐습니까?
손글씨로 쓴 편지가 그립네요.

추억의 빨간 우체통을 생각하면서 오늘의 건배구호는 "우체통"
으로 하겠습니다.

　그 뜻은 '우리들의 우정은 체면 볼 것 없이 통한다.' 입니다.

　제가 "우리는"하고 선창하면 여러분은 "우체통"을 외쳐주십시오.

우골탑

여러분! 우골탑이란 말 들어보셨죠?

우리 부모들은 자녀의 등록금을 마련하기 위해 품삯을 모았고, 먹는 걸 아꼈으며, 그래도 여의치 않으면 가족처럼 아끼던 소를 팔았습니다. 소 팔아서 대학 보낸다고 해서, 상아탑에 빗대어 우골탑이라 했는데요, 요즘 대출 받아서 대학 다니는 학생들은 '족쇄탑'이라고도 한다네요.

가난을 극복하기 위해 뼈골이 닳도록 묵묵히 일해 온 우리의 부모님들! 이제 그분들이 먹고 살만 하니까 온몸이 쑤신답니다.

이 분들의 튼튼한 뼈를 위해 오늘 건배구호는 "탱탱탱"으로 하겠습니다. "탱탱탱"은 '탱탱한 몸과 탱탱한 삶과 탱탱한 내일을 위하여!'라는 뜻입니다.

제가 "오래오래"하면 여러분은 "탱탱탱"을 외쳐주십시오.

미니스커트

경제와 패션의 상관관계 가운데 흥미로운 속설 하나가 있지요?

'경기가 불황이면 미니스커트가 짧아진다.'라는 말이 있습니다.

취준생들이 취업 스트레스, 경제적 압박 등에 시달리다보면 이성적 소비보다는 원초적 자극을 수반하는 본능형 소비를 선호하게 된답니다. 또 형편상 여러 벌의 옷을 살 수 없을 경우에는 좀더 심플하고 원색적인 옷에 손길이 가게 된다네요.

그런데 어떡합니까? 경기가 좋아질 기미를 보이지 않으니 이러다 미니스커트가 손바닥보다 작아지지는 않을까 걱정입니다.

그래서 오늘은 취준생 힘내라고 구호를 "찬찬찬"으로 하겠습니다. '찬찬찬'은 활기찬 가득찬 희망찬이란 뜻입니다.

제가 "스커트"하고 외치면 여러분은 "찬찬찬"하고 외쳐주세요.

입시한파
·····················

24절기에는 없지만 소한, 대한보다 더 추운 날이 있지요? 바로 대학입시일입니다. 매년 입시일만 되면 갑자기 추워지는데요, 시험 때 방심하지 말라는 신의 경고라는 말도 있고, 시험을 망쳤던 원혼들의 장난이라는 말도 있지만, 기상학적으로는 이유가 없다내요.

옛날에도 과거한파라는 것이 있었답니다. 여기서 정상참작이란 말이 나오는데요, 감독관이 돌아다니다가 너무 추워서 손이 곱아 붓이 떨리면 '진필'이라는 도장을 찍어주었는데 이를 채점에 반영하기 위해서였다고 합니다.

참 아름다운 이야기지요?

오늘은 수험생과 그 부모님들을 위해서 건배하겠습니다.

제가 '애썼다. 수고했다'는 뜻에서 "예(애)수"를 외치면 여러분은 "힘내라."를 외쳐주십시오.

개미허리

....

우리는 매우 가는 허리를 개미에 비유하여 '개미허리'란 말을 쓰곤 하지요? 그러나 개미의 몸은 머리-가슴-배로 나뉘어져 있는 곤충으로 신체구조상으로는 사실 허리가 없습니다. 굳이 설정을 한다면 개미의 가슴과 배의 중간 부분을 허리로 정의할 수 있는데요. 그 둘레를 직접 측정해보면 0.3mm 정도라고 합니다. 요즘 다이어트가 유행하면서 남성, 여성 할 것 없이 가는허리를 선호하고 있는데요, 그 폐해가 심해서 비쩍 마른 모델은 광고에 출연을 못하게 하는 나라도 있다고 하네요. 여러분의 생각은 어떻습니까?

오늘의 건배구호는 "개미허리"로 하겠습니다. '개미처럼 일하고 허수아비처럼 지켜서 살림을 일(리)으키자.'라는 뜻이랍니다.
제가 "근검절약을 어떻게요?"하고 물으면 여러분은 "개미허리"를 외쳐주십시오.

골뱅이

처음에 인터넷 주소창에 골뱅이를 쓴 사람은 레이 톰린슨이란 사람입니다. 골뱅이는 우리나라에서만 쓰는 말인데요, 생김새가 비슷해 누군가 그렇게 부르기 시작한 것이 시초라네요. 이 같은 사정은 외국에서도 마찬가지입니다. 미국에선 전치사 엣(at)를 공식용어로 사용하고 있습니다. 그러나 스웨덴에서는 '코끼리 코'로 불립니다.

러시아에서는 '강아지'로 통하고, 체코 사람들은 즐겨 먹는 요리 모양에 빗대 '청어말이', 독일에서는 '떨어지는 원숭이'이라고 부른답니다. 왜 골뱅이가 강아지로 보이냐고 따지지 맙시다. 세상은 그 것 말고도 복잡한 일이 너무 많습니다.

건배구호를 "골뱅이"로 하겠습니다.
제가 "원활한 인터넷을 위하여"하면 여러분은 "골뱅이"라고 답해주십시오.

막걸리와 막사발

여러분! 일본의 국보 가운데 우리나라에서 건너간 막사발이 있다는 것을 아십니까? 이도다완이란 것인데요, 귀한 대접을 받고 있습니다. 막사발은 '막사기'입니다. 우리 선조들은 밥그릇, 국그릇, 막걸리 사발 등 생활그릇으로 이용했지요. 주로 서민과 머슴들이 많이 썼습니다. 일본인들이 이 보잘것없는 촌 아가씨를 신데렐라로 신분을 완전히 바꿔버릴지는 꿈에도 짐작 못했던 일입니다.

요즘 일본에서 한국의 서민주 막걸리도 인기라네요. 일본 사람들은 막무가내 '막'과 막돼먹은 '막'자를 좋아하나 봅니다.

건배구호를 "막걸리"와 "막사발"로 하겠습니다. "막걸리"는 '막힘 없이, 거리낌 없이, 이대로 쭉 가자'라는 뜻이고, "막사발"은 '막힌 곳은 뚫고, 사이가 안 좋으면 풀고, 함께 발맞춰 가자'는 뜻입니다.

제가 "막걸리"하면 여러분은 "막사발"을 외쳐주십시오.

돼지족발

돼지족발의 범위는 '돼지의 발에서 발목까지'라는 해석이 관세청에서 내린 정의라고 합니다. 돼지고기는 수입할 때 관세율이 25% 적용되지만, 간이나 염통 같은 부스러기는 18%만 적용된다고 합니다.

고기냐? 부산물이냐? 에 따라 서로 다른 관세율을 적용하는 것입니다.

여러분!

그러면 토마토가 과일입니까? 채소입니까? 미국정부는 자국의 농업을 보호하기 위해 채소를 수입할 때는 10%의 관세를 물렸고, 과일은 면세품목으로 지정했답니다. 이때 미국 대법원은 토마토는 채소라는 판결을 내렸다네요.

최근 트럼프정부가 한미 FTA 재협상 카드를 들고 나왔는데요, 걱정입니다.

서로 상생하자는 의미에서 "나가자"를 건배구호로 하겠습니다.
'나도 좋고, 가도 좋고, 자도 좋아야 한다.'는 뜻입니다.

제가 "우리 모두의 상생을 위하여!"하면 여러분은 "나가자"를 외쳐주십시오.

여자의 질투

여러분! 우리가 잘 아는 신라의 화랑제도에 앞서, 남녀가 함께 참여했던 원화라는 제도가 있었답니다. 그런데 여자들이 서로 시기하는 바람에 이 제도는 없어졌고, 이후에 아름다운 남자를 뽑아 이름을 화랑이라 하고 다시 젊은이들을 모았다고 하네요.

여자가 한을 품으면 오뉴월에도 서리가 내린다고 했습니다. 셰익스피어가 말했습니다. 모든 여자에게서 질투를 빼면 헛것이라고.

최근 뉴욕타임스 보도에 따르면, 직장 내 괴롭힘의 대부분은 남성들에 의해 이뤄지고 있지만 여성들도 40% 가량을 차지하고 있다네요. 이 세상 여성들이 질투를 버리고 동료끼리 서로 사랑하라고 건배구호를 "동사무소"로 하겠습니다. '동료를 사랑하는 것이 무엇보다 소중하다.'는 뜻입니다.

제가 "서로서로"하면 여러분은 "동사무소"를 외쳐주십시오.

낮잠

여러분! 점심 드시고 나면 졸리지요? 지중해지역을 대표하는 이색문화 중 '시에스타'라는 관습이 있습니다. '시에스타'는 이탈리아, 그리스 등의 지중해 연안 국가와 라틴아메리카에서 행해지는 낮잠 풍습을 말하는데요, 더위가 심한 한낮에 낮잠으로 원기를 회복하여 저녁까지 일을 하자는 취지랍니다.

'시에스타' 시간에는 상점은 물론 관공서까지 문을 닫고 낮잠에 빠지기 때문에 이 지역을 방문하는 관광객은 여간 불편한 게 아니랍니다. 우리나라에서도 한때 낮잠시간이 허락된 적이 있었는데요, 여러분은 어떻게 생각하십니까?

오늘의 건배구호는 "달콤한 낮잠"으로 하겠습니다.
제가 "낮잠은?" 하면 여러분은 "달콤하게"를, 그리고 제가 "인생은?" 하고 물으면 "달달하게"라고 외쳐주시기 바랍니다.

처처불상 사사불공

노부부가 산을 오르다가 스님 한 분을 만났답니다.

"어디 가시는 길입니까?"

"절에 불공드리러 갑니다."

스님이 물었습니다.

"무슨 불공이요?"

"며느리가 어찌나 무례한지라, 부처님께 우리 며느리 좀 순화시켜 달라고 빌어볼까 합니다."

그러자 스님이 "그러면 절까지 갈 필요가 없습니다. 당신들의 며느리가 부처입니다." 그러더랍니다.

스님의 말씀대로 노부부는 그날부터 며느리를 부처인양 공손히 모셨답니다. 그랬더니 며느리가 점점 효부가 되어가더랍니다.

그렀습니다. 부처가 따로 있는 게 아니고, 불공이 따로 있는 게 아
닙니다. 처처불상 사사불공이라고 했습니다.

"하는 일마다 불공을 드리는 마음으로 대하라"
SK텔레콤 조정남 부회장이 한 말입니다.

오늘의 건배구호는 "처처불상 사사불공"으로 하겠습니다.

제가 "처처불상"하면 여러분은 "사사불공"을 외쳐주십시오.

이게 뭐여?

전라도 음식하면 맛있는 걸로 유명하지요. 술맛도 최고랍니다. 전라도 사람들 인정 많은 것도 알아줘야죠?

옛날에 전라도 친구 둘이서 주막에 앉아 술을 마시는데, 한 친구가 술잔에 술을 반만 채워 권하면서 "나머지는 반은 내 정이라네" 하더랍니다. 그러니까 술잔을 받은 친구가 두루마기를 툴툴 털면서 "여보게 친구, 정이 철철 넘쳐서 옷이 다 젖지 않는가?"라며 손사래를 치더랍니다.

넘쳐도 좋은 게 우정이라고 했습니다.

오늘은 전라도 버전으로 구호를 외쳐보겠습니다.

제가 "이게 술이여?"하고 물으면 여러분은 "아녀"하고 대답해 주시고, "그러면 뭐여?"하고 제가 재차 물으면 "우정이여"하고 대답해 주십시오.

삶은 계란이다

한 남자가 기차를 타고 가면서 "삶은 무엇인가?"에 대해 골똘히 생각하고 있었답니다. 그때 카터를 끌고 가던 판매원이 "삶은 계란 ~"하고 외치더랍니다. 그때 이 남자 무릎을 탁 치면서 "그래 삶은 계란이야!" 그러더랍니다.

여러분! 달걀은 자기가 깨고 나오면 병아리가 되지만 남이 먼저 깨면 후라이가 되고 맙니다. 인생도 마찬가지입니다. 내가 자발적으로 일을 찾아서 하면 사장, 억지로 먹고살기 위해서 일하면 종업원입니다. 우리의 삶은 계란입니다. 삶이 무어냐고 묻는 질문에 대한 김수환 추기경의 말씀이라네요.

오늘은 달걀 시리즈로 건배구호 한 번 해보겠습니다.

제가 "남이 깨면?"하고 물으면 "후라이", "내가 깨면?"하고 물으면 "병아리"라고 외쳐주십시오.

회비는 자진납부

연말이면 술자리 때문에도 걱정이지만, 밀린 회비 걱정도 만만치 않죠? 여기저기 활동이 활발한 사람들은 적금이라도 하나 깨야할 정도입니다.

그래도 모여 사는 세상, 우리가 지킬 것은 지키며 살아야지요. 세상 혼자 사는 거 아니지 않습니까?

오늘은 우리 모임의 총무가 제일 좋아하는 구호로 건배하겠습니다. "모임은 자진출석, 회비는 자진납부, 뒤처리는 자진정리"입니다.

제가 "모임은" 하면 "자진출석", "회비는" 그러면 "자진납부", "뒤처리는" 그러면 "자진정리" 그렇게 해주십시오.

멀리 가려면 함께 가자

미국의 일부 주에서 발행하는 1달러 동전 뒷면에는 원주민 여인과 옥수수, 호박, 콩넝쿨이 새겨져 있답니다.

그 유래를 알아보면 아주 의미가 깊습니다. 원주민들은 텃밭에 심은 옥수수가 15센티미터 정도 자라면 그 사이에 콩과 호박을 심었다고 합니다.

그러면 키가 큰 옥수수는 자연스럽게 콩과 호박의 지지대가 되어주고, 콩은 공기 중의 질소를 빨아들여 영양분이 많이 필요한 옥수수와 호박에게 공급해 주고, 대신 넓은 잎을 가진 호박은 땅을 덮어 쉽게 건조해지지 않도록 한답니다.

빨리 가려면 혼자 가고, 멀리 가려면 함께 가라는 말이 있습니다.

건배구호로는 "상부상조"가 어울릴 듯합니다. "상부상조"는 '상처 받지 않도록 부족한 것 껴안고 상호간에 노력하여 조직발전 도모하자.'는 뜻이랍니다.

제가 "함께 가자" 그러면 여러분은 "상부상조"를 외쳐주십시오.

나를 뒤집으면 우리가 됩니다

여러분! 나라는 영어단어 미(ME)를 뒤집으면 무엇이 되는 줄 아십니까? 바로 '우리'라는 영어단어 우이(WE)가 됩니다. 영어에서만 이렇게 나와 우리를 같은 개념으로 보고 있는 것은 아닙니다. 우리나라 사람들은 나와 우리를 아예 구별하지 않고 썼습니다.

'내집'이라고 하지 않고 우리집, 내학교가 아니라 우리학교, 내회사가 아니라 우리회사, 심지어는 내 마누라가 아니라 우리마누라, 그렇게 쓰고 있지 않습니까?

'우리'라는 말 속에는 분명 끈끈한 뭔가가 듬뿍 담겨있습니다.

오늘의 건배구호는 "우리는 하나다"로 하겠습니다.

제가 "우리는" 하면 여러분이 "하나다" 하고 외쳐주십시오.

다들 힘내

'아이고 죽겠어'를 입에 달고 사는 사람이 있지요? 그런 사람치고 잘 되는 걸 본 적이 없습니다. 여러분! 앞으로는 '살맛난다.'를 입에 달고 사십시오. 모든 일이 절로 잘 풀릴 것입니다.

'내 힘들다'라는 말을 거꾸로 읽으면 '다들 힘내'가 됩니다.

그렇습니다. 주위에서 거들어주고 도와주면, 쓰러져가던 사람도 다시 힘을 낼 수 있습니다. 주변에 "나 힘들다" 하는 분이 계시면 다가가 "다들 힘내"라고 말해주십시오.

오늘의 건배사는 "무조건"으로 하겠습니다. '무지 힘들어도 조금만 참고 건승하자.'라는 뜻입니다.

제가 "다들 힘내" 하면 여러분은 "무조건"을 외쳐주십시오.

남자와 여자의 생각차이

하느님이 이 세상의 반을 여자로, 또 반을 남자로 채운 건 지구가 잘 돌도록 하기 위해서랍니다. 모터도 N극과 S극이 있어야 잘 돌아가잖아요? 여자와 남자는 극명한 차이를 보입니다. 여자는 집안 구석구석을 빡빡 닦지만 남자는 자기 차만 닦고 광을 냅니다. 명절 때 보면 여자는 허리가 빠지도록 주방을 지키지만 남자는 자기 배 채우기에 바쁩니다. 여자는 그런 남자를 확 때려주고 싶지만 남자는 꼬우면 이혼하자고 한답니다.

소설가 존그레이가 말했지요? "부부생활이란 화성에서 온 남자와 금성에서 온 여자가 지구에 적응하며 살아가는 것"이라고 말입니다.

오늘 건배구호는 "상사디아"로 하겠습니다. 그 뜻은 '상호간 사랑의 디딤돌은 아름다운 마음에서' 입니다.

제가 "어아 둥둥" 하면 여러분은 "상사디아"를 외쳐주십시오.

두 얼굴

요즘 성형이 유행이라 저승사자도 실수를 한다고 하지요. 굳이 성형이 아니더라도 화장만 바꿔도 몰라보는 경우가 있습니다. 흔히 여자 얼굴 예뻐 보이는 효과를 화장발과 조명발이라고 하는데요. 그래서 생얼로는 절대 외출을 하지 않는 여성분들도 있지요? 언젠가 제 여동생이 그러더군요. 늘 화장한 얼굴만 보아오던 남자친구가 생얼을 보더니 "여자 친구 두 명 사귀는 거 같아서 좋다"고 그러더랍니다. 자세히 봐야 아름답다는 시가 있지요? 자세히 보여주려면 자기 얼굴에 자신감을 가져야 합니다.

자신감 넘치는 얼굴이 가장 아름다운 법이니까요.

오늘의 건배구호는 "예쁘다 사랑스럽다"로 하겠습니다.

제가 "예쁘다" 그러면 여러분은 "사랑스럽다"를 외쳐주십시오.

영화대사를 베껴 쓰는 건배사

영화처럼 살려면 영화처럼 말하라.
그러나 대본 없는 인생이 말처럼 그렇게 쉬운 일은 아니다.

당신의 눈동자에 건배

영화 '카사블랑카'에서 험프리 보가트가 잉그리드 버그먼과 잔을 부딪치며 속삭인 명대사, '당신의 눈동자에 건배' Here's looking at you, kid. 는 건배사의 고전이라고 할 만큼 유명해진 대사죠?

오늘밤 우리도 달콤한 건배사를 읊어 볼까요? 오글거린다고요? 사랑은 용기만 필요한 게 아니고 준비도 필요합니다.

"요즘 너를 만나면 시끄러워. 너를 만나면 나의 심장이 너를 사랑한다고 자꾸 외쳐."

"괜찮겠어? 내가 이제 널 때릴 거야. 입술로"

어떻습니까? 당장 써보고 싶은 말 아닙니까?

건배하겠습니다.

제가 "당신의 눈동자에"하면 여러분은 "건배"해주십시오.

우린 1분 동안 함께했어

"1960년 4월 16일 오후3시. 우린 1분 동안 함께했어. 난 잊지 않을 거야. 우리 둘만의 소중했던 1분을. 이 1분은 지울 수 없어. 이미 과거가 됐으니까?"

장국영 주연의 '아비정전'이란 영화에서 자유를 갈망하는 바람둥이 아비가 매표소 여직원 수리진에게 날린 작업멘트지요?

우리들이 만나는 이 순간에도 1분씩이 차곡차곡 쌓여가고 있습니다. 싫든 좋든 과거를 만들어 가고 있는 것이지요. 여러분은 어떤 과거를 원하십니까?

아름답고 가치 있는 과거를 만들려면 1분도 소중히 여겨야 한다는 의미를 담아 건배구호를 "1분도 아끼자"로 하겠습니다.

제가 "1분도"하면 여러분은 "아끼자"를 외쳐주십시오.

오늘을 즐기자

영화 '죽은 시인의 사회'에서 '카르페 디엠'(Carpe Diem!)이란 말이 나오죠? '오늘을 즐기자'라는 뜻이랍니다.

미국의 명문 웰튼 아카데미에 이 학교 출신인 '존 키팅' 선생이 새 영어 교사로 부임하게 되죠? 키팅 선생은 첫 시간부터 "카르페 디엠"을 외치며 파격적인 수업방식으로 학생들에게 다가가는데, '닐'은 '키팅' 선생을 '캡틴'이라 부르며 따르게 되지요.

수능에 매달리고 있는 우리 학생들에게 '인생'을 어떻게 설명해주어야 할지 아직은 난감합니다.

'키팅' 선생을 통해 '참된 인생'이 무엇인지를 조금씩 배워가는 학생들이 즐겨 쓰던 말을 오늘의 건배구호로 하겠습니다.

"오 캡틴! 마이 캡틴!" O Captain! My Captain!입니다.

제가 "오! 캡틴" 하면 여러분은 "마이 캡틴" 하고 외쳐주십시오.

삶은 실수투성이다.

"삶은 실수투성이다. 우리는 늘 실수를 한다."

애니메이션 '주토피아'에서 나온 명대사죠? 이 작품은 주토피아 최초의 토끼 경찰관 주디 홉스와 뻔뻔한 사기꾼 여우 닉 와일드가 합동으로 펼치는 수사과정을 그린 영화입니다. 옛 동화 속에서 보면 여우와 토끼는 서로 놀려대기는 해도, 남다른 우정을 보여주잖아요? 경찰과 사기꾼의 신분을 넘어서는 이들의 '밀당'이 꼭 그런 식입니다. 동물들 이야기지만 "삶은 실수투성이다."라는 말에 동감이 가지 않습니까?

'최고의 교훈은 과거의 실수로 얻어진다.'는 말이 있습니다. 오늘은 실수를 딛고 일어서자는 의미로 건배구호를 "실수도 교훈이다"로 하겠습니다.

제가 "실수도"하면 여러분은 "교훈이다"를 외쳐주십시오.

따지지 말고 누릴 것

책으로도 나왔고 영화로도 만들어진 '창문 너머 도망친 100세 노인'을 아시죠? 거기서 나오는 명대사 "소중한 순간이 오면 따지지 말고 누릴 것. 우리에게 내일이 있으리란 보장은 없으니까"도 기억하십니까? 현재 순간순간에 감사하며 걱정을 내려놓고 즐기세요. 우리의 기억은 과거와 미래를 오갈지 몰라도 우리의 몸은 언제나 현재에 머문답니다.

이 영화에서 빛났던 또 하나의 대사 "너무 걱정하지 마. 아빠는 생각만 많아서 사는 게 힘들었잖니? 괜히 고민해봤자 도움 안 돼. 어차피 일어날 일은 일어나는 거고 세상은 살아가게 돼있어."

멋진 말이죠?

오늘 건배구호는 "따지지 말고 즐기자"로 하겠습니다.
제가 "따지지 말고" 하면 여러분은 "즐기자" 해주십시오.

인생도 선택이다

무조건 달리는 남자, 톰 행크스 주연의 '포레스트 검프'라는 영화를 저는 참 재밌게 보았습니다. 남들보다 조금 떨어지는 지능을 가진 외톨이 소년, 그렇지만 명랑한 '포레스트 검프'의 순수함이 단연 돋보이지요. 여기서 "인생은 초콜릿 상자와 같은 거야. 네가 무엇을 고를지 아무도 모른단다."라는 명대사가 나오지요? 인생의 순간순간 치고 중요하지 않는 순간은 없습니다. 그리고 그 순간마다 우리는 선택을 해야합니다.

세상에서 가장 아름다운 달리기의 명장 포레스트 검프의 생애가 그렇듯 우리의 삶은 초콜릿을 선택해야 할 순간의 연속 아닐까요?

무슨 일이든 선택한 대로, 바라는 대로 이루어진다고 했습니다.

건배구호는 "인생도 선택이다"로 하겠습니다.

제가 "인생은" 하면 여러분은 "선택이다"를 외쳐주십시오.

희망은 당신을 자유롭게 한다

명화 중의 명화 '쇼생크 탈출'은 추석특집으로 TV에서 가장 많이 소개한 영화가 아닌가 싶습니다. 저도 여러 번 봤는데요, 볼 때마다 또 다른 감동을 받습니다. 여기서 나오는 대사 "두려움은 당신을 포로로 묶어놓지만 희망은 당신을 자유롭게 한다." 그 긴 영화를 한마디로 소개하는데 부족함이 없는 대사가 아닌가 싶습니다.

저는 이 영화를 보면서 자유도 갈망하는 자에게 필요한 것이며, 가질 준비가 된 자가 거머쥘 수 있다는 생각을 했습니다.

오늘의 건배구호는 팀 로빈스가 한 대사로 하겠습니다.

자신이 간수들의 세무서류를 도와준 조건으로 "동료들에게 맥주 3병씩만 주세요." 그러잖아요?

제가 "여기요?" 그러면 여러분은 "맥주세병"을 외쳐주십시오.

나 이제 더 팔릴 쪽도 없어

우리 주위의 흔한 이야기인 거 같지만, 색다른 경험으로 좌충우돌하는 명랑영화 '뜨거운 것이 좋아'는 웃어넘기기엔 아까운 대사들이 많습니다.

"나는 이제 더 팔릴 쪽도 없어. 지금이 최악이야! 내 인생의 봄날은, 대체 오긴 오는 거야?"

27살 시나리오 작가 아미가 내뱉은 말입니다. 10대 사춘기 소녀 강애도 한 마디 멋있는 말을 하지요.
"인생은 숙제야, 숙제!"

이 영화를 보면서 저는 '우리의 삶도 어쩌면 이 영화처럼 가벼워질 수도 있겠구나.'하는 생각을 해봤습니다.

인생 뭐 있습니까? 더 팔릴 쪽도 없는데. 북한 속담에 '개구리 대가리에 찬물 끼얹기'라는 말이 있습니다. 본시 찬물에 사는 놈인데 찬물을 끼얹어봤자, 눈이나 깜작하겠습니까?

오늘의 건배구호는 "인생은 즐겁게"로 하겠습니다.

제가 "인생이란 숙제는" 하면 여러분은 "즐겁게"를 외쳐주십시오.

당신을 만난 건 내 인생 최고의 행운

"이 배의 탑승권을 따낸 건 내 인생 최고의 행운이었어. 당신을 만났으니까"

침몰하는 배 위에서 죽음이 확실해지는 순간에 레오나르도 디카프리오가 한 이 말은 정말 감동적인 대사입니다. 잘 아시는 영화 '타이타닉'에는 여러 명대사가 있지만 저는 이 대사를 언젠가 한 번 멋지게 써먹으려고 외워둔 적이 있습니다.

여러분 주위를 돌아봐주십시오. 만나서 반가운 분들이 많지요? 우리 이 세상에서 인연 맺은 걸 행운으로 여깁시다. 그리고 오늘 이 자리를 함께 하게 된 것을 축복으로 여깁시다.

건배구호는 제가 "행운이야" 하면 여러분은 "축복이야"라고 외쳐주십시오.

영화대사를 베껴 쓰는 건배사

너나 잘 하세요

'너나 잘 하세요'

친절한 금자씨에 나오는 상큼하기 그지없는 대사지요? 영화보다도 이 유행어로 더 유명해진 영화라고나 할까요?

전 이 영화 개봉하자마자 봤는데요, 이영애 씨의 연기변신도 놀라웠지만 스토리도 탄탄하고, 아무튼 실감나게 봤습니다.

이 대사는 남자보다 여자가 해야 제 맛이 나지요? 착하게 살고 싶지만 악하게 살 수밖에 없는 여자, 친절할 듯 친절하지 않는 금자씨와 친절하고 싶은 이 세상 모든 여성들을 위해 건배하겠습니다.

건배구호는 이 자리에 계신 남성분들이 먼저 "착하게 살자" 그러면 여성분들이 "너나 잘 하세요"를 외치는 겁니다.

유행가 가사에서 건져 쓰는 건배사

강가를 걷다가 그냥 곡조도 없이
흥얼대는 콧노래가
바람처럼 물살에 부서지거든
그것이 흘러가는 유행가인줄 아시오.

최백호의 '낭만에 대하여'

'궂은 비 내리는 날 그야말로 옛날식 다방에 앉아 도라지 위스키 한 잔에다 짙은 색소폰 소릴 들어보렴.'

요즘 길거리에서 다방 간판 찾아보기가 그야말로 힘들어졌지요? 아늑했던 다방 분위기가 그립습니다. 아마 여기 계신 분들 가운데 다방에서 맞선을 보고 결혼에 성공한 분들도 적지 않을걸요.

꽃다방 커플이 있는가 하면, 길다방 이별도 있을 것입니다. 낭만으로 치부하기엔 너무도 가슴 아픈 첫사랑의 추억이 머무는 곳도 다방이지요.

이제와 새삼 이 나이에 실연의 달콤함이야 있겠습니까만 나름대로 이렇게 한 세월 지내는 것도 세상의 순리 아니겠습니까?

오늘의 건배구호는 "낭만에 대하여"로 하겠습니다.
제가 "낭만에 대하여!" 하면 여러분은 "첫사랑!"을 외쳐주십시오.

김국환의 '타타타'

'네가 나를 모르는데 난들 너를 알겠느냐. 한 치 앞도 모두 몰라. 다 안다면 재미없지'

'타타타'는 산스크리스트어로 '그래 맞아'라는 뜻이랍니다. 이 노래는 사람을 해탈의 경지에 이르게 하지요? 옷 한 벌 건졌으니 사는 게 수지 맞는 장사라고 하잖아요?

요대로만 생각하고 살면 세상 걱정 하나도 없을 듯싶습니다. 여러분! 지금 건강하면, 지금 행복한 것입니다. 세상에 황금, 소금, 그리고 지금이 있는데 그 중에 제일이 지금이라고 하지 않습니까?

오늘의 건배구호는 "나는 지금 행복하다"로 하겠습니다.

제가 "나는 지금" 하면 여러분은 "행복하다"를 외쳐주십시오.

남진의 '둥지'

'여기 둥지를 틀어. 지난날의 아픔은 잊어버려. 스쳐 지나가는 바람처럼. 이제 너는 혼자가 아니야. 내 품에 둥지를 틀어봐'

이렇게 외치는 남자가 옆에 있으면 당장이라도 달려가 품에 안기겠지요? 그래서 그런지 결혼식 축가로 부르는 걸 많이 들었습니다.

둥지는 새들의 보금자리지요? 누군가 서울생활을 시작하는데 어려움이 많았다면서 이런 이야기를 하더군요. 남산에 올라가 내려다보니 집들이 빼곡한데 자기가 쉴 곳은 단 한 평도 없더랍니다. 그가 말하더군요. 하물며 새들도 집이 있는데.

우리에겐 집도 필요하지만 마음속의 둥지도 하나쯤 필요합니다. 여러분의 둥지는 지금 어디인가요?

오늘의 건배구호는 "나는 너의 둥지야"로 하겠습니다.
제가 "나는 너의" 그러면 여러분은 "둥지야!"를 외쳐주십시오.

송대관의 '인생은 생방송'

'인생은 생방송 홀로 드라마 되돌릴 수 없는 이야기'

인생은 재방송도 안 되고, 녹화도 안 되는 생방송입니다. 요즘엔 시청자들이 생방송을 선호하다보니 방송국마다 앞 다퉈 생방송을 내보내더라고요. 덕분에 시청자들은 의도치 않은 실수를 발견하는 재미를 느껴보기도 합니다.

인생의 주인공은 자기 자신이지요? 각본도 스스로 써야 하고 연출도 자기가 해야합니다. 영화나 소설을 보면 주인공은 비록 우여곡절이 있어도 쉽게 무대에서 내려오는 법이 없더라고요. 여러분의 인생은 각본대로 잘 풀리고 있습니까?

오늘의 건배구호는 "인생은 생방송"으로 하겠습니다.

제가 "인생은" 그러면 여러분은 "생방송"을 외쳐주십시오.

박인희의 '모닥불'

'인생은 연기 속에 재를 남기고 말없이 사라지는 모닥불 같은 것'

고교시절 캠핑 가면 단골로 부르던 노래입니다. 물론 모닥불을 피워놓고 빙 둘러앉아서 손뼉을 치며 합창했던 노래지요. 모닥불 열기로 발그레 상기된 친구들의 얼굴이 지금도 눈에 선합니다.

인간은 탄생의 비밀을 알아낸 최초의 종이라고 하지요? 그러나 아무리 과학이 발달해도 우리들의 결말은 자연입니다. 자연으로 돌아갈 때까지 어떻게 사는 게 정답일까요?

아등바등, 조마조마 그렇게 살지 말고 움켜쥔 손 쫙 펴고, 화끈하게 삽시다.

오늘의 건배구호는 "활활 태우자"로 하겠습니다.
제가 "태우자" 그러면 여러분은 "활활"을 외쳐주십시오.

이무송의 '사는 게 뭔지'

'사랑한 사람들은 이렇게 얘길 하지 후회하는 거라고. 하지만 사랑 않고 혼자서 살아간다면 더욱 후회한다고'

오랜만에 만난 친구에게 안부를 물으면 돌아오는 대답이 이렇지요. "사는 게 다 그렇지 뭐" 또 "사랑이 뭐냐?"고 물으면 "사랑이 뭐 별거야"라고 대답하지요.

쉬운 것 같으면서도 어려운 게 인생이고 사랑이지요? 분명한 것은 사랑하는 것이 안 하느니만 낫다는 것입니다. 이는 성현들만 한 말이 아니고, 사랑해 본 사람들도 하는 말이니 믿어봅시다.

오늘의 건배구호는 "사랑 밖에 난 몰라"입니다.
제가 "사랑 밖에?" 그러면 여러분은 "난 몰라~"를 외쳐주십시오.

나훈아의 '사내'

'큰 소리로 울면서 이 세상에 태어나 가진 것은 없어도 비굴하진 않았다. 때론 사랑에 빠져 비틀댄 적 있지만 입술 한번 깨물고 사내답게 웃었다.'

국어사전식 풀이로는 한창 혈기가 왕성한 남자를 사나이라고 부른다는데 우리나라 남자들은 나이가 들어도 여전히 사내라는 말에 집착을 하지요?

마음은 늘 청춘이라서 그런가요?

"사나이"는 '사랑하는 사람의 나이는 언제나 이팔청춘이다.'라는 뜻입니다. 사랑에 빠져 비틀대도 좋으니 사나이답게 화끈하게 사랑합시다.

오늘 사내답게 한 잔 합시다. 건배구호는 "사나이"로 하겠습니다.

제가 "이팔청춘!" 그러면 여러분은 "사나이!"를 외쳐주십시오.

인순이의 '거위의 꿈'

'난 난 꿈이 있어요. 버려지고 찢겨 남루하여도 내 가슴 깊숙이
보물과 같이 간직했던 꿈'

여러분! 꿈을 언제 꾸나요? 밤에? 젊었을 때?

아닙니다. 언제 어디서나 꿀 수 있는 것이 꿈입니다. 꿈이 없는 사
람은 없겠지요? 거위도 꿈이 있는데. 세상에서 가장 불쌍한 사람은
돈이 없는 게 아니라 꿈이 없는 사람이라고 했습니다.

삶은 계속 되고, 아직 꿈꿀 시간은 많습니다. 후회가 꿈을 대신하
면 그때부터 늙는답니다.

오늘의 건배구호는 "꿈"으로 하겠습니다.

제가 "꿈은?" 하면 여러분은 "이루어진다!"를 외쳐주십시오.

노사연의 '바램'

'내 손에 잡은 것이 많아서 손이 아픕니다. 등에 짊어진 삶의 무게가 온몸을 아프게 하고'

아프지 않은 청춘이 어디 있고, 무겁지 않은 삶이 어디 있겠습니까? 비운다고 비우고, 내려놓는다고 내려놓아도 삶은 늘 버겁지요? 아직 바라는 것이 많아서 그럴까요?

평생 걸어왔으니 다리가 아픈 건 당연하지요. 그러나 여러분! 서러워 말아요. 우린 늙어가는 것이 아니라 조금씩 익어가는 것이랍니다.

오늘의 건배구호는 사막을 걸어도 꽃길이라 생각하게 만든다는 "사랑한다" 이 한 마디로 합시다.

제가 "바쁘게 살아온 그대여!" 하면 여러분이 "사랑한다"고 외쳐 주십시오.

오기택의 '아빠의 청춘'

'나에게도 아직까지 청춘은 있다. 헤이~ 원더풀 원더풀 아빠의 청춘. 부라보'

아빠도 사람인데요. 아빠도 남자인데요. 한 번 기분도 내보고 싶고, 또 맘껏 소리도 질러보고 싶은데요. 아빠는 참아야 합니다. 아빠이니까.

아버지는 울 장소가 없기에 슬픈 사람이라고 했던가요?

그러나 아버지는 가정에서 어른인 체 하지만 친구를 만나면 금방 소년이 됩니다. 거기서 외치는 소리가 있지요. "우린 아직 청춘이야"

오늘의 건배구호는 이 세상 모든 아버지들의 시들지 않는 청춘을 위해 "원더풀"로 하겠습니다.

제가 "원더풀!"하면 여러분은 "부라보!"를 외쳐주십시오.

각종 모임의 건배사 사례

친구 동진의 쉰일곱 번째 생일잔치

오늘 생일을 맞은 동진 친구는 여러분도 잘 알다시피 한 직장에서 만 30년 가까이 근무해온 아주 성실한 친구입니다.

양복 한 벌을 가지고 친구들이 면접 때마다 돌려가며 입었던 시절, 이 친구 헐렁한 차림으로 면접장으로 들어가던 뒷모습이 생각납니다. 그때 합격하고 축하주 마실 때 술집 벽에 이런 글이 쓰여 있더군요. '아무리 추워도 내가 옷 사 입나 봐라, 그 돈으로 술 사먹지' 우린 속이 있어서 마주 보고 웃었지요.

벌써 30년 전의 추억이네요.
오늘은 그 추억을 떠올리며 제가 "옷값은"하고 외치겠습니다. 여러분은 "술값이다"를 크게 외쳐주십시오.

사장님 생신잔치

벌써 몇 년이 지났는데요, 제가 입사하고 처음으로 회식할 때가 생각납니다. 그때 우리 사장님 보고 깜짝 놀란 게 있는데요, 아, 글쎄! 제 이름을 커닝하시더라고요.

회식장소에 오시면서 손바닥에 신입사원들 이름을 적어가지고 오셨더라니까요. 그때 전 느꼈습니다. 나도 적어야겠구나. 적자생존이란 말이 있잖아요? 적어야 삽니다.

지금은 우리들 이름을 달달 외우시고, 만나면 다정하게 불러 주시는 사장님! 사장님의 생신을 진심으로 축하하며, 사장님의 왕성한 기억력을 위해 건배하겠습니다.

건배구호는 "적자생존"입니다.

제가 "적어야 산다." 그러면 여러분은 "적자생존"하고 외쳐주십시오.

친구 병석의 쉰 번째 생일잔치

여보게 친구!

자네하고 나하고 골프 칠 때 전반에 쉰 개가 넘으면 원활한 진행을 위해서 후반에는 마구 오케이를 주지 않았나?

그러나 우리 인생은 이제 50이 넘었으니 좀 짜게 노세. 앞으로 오케이 줘도 안 받을라내. 올해부터 "땡" 소리 날 때까지 뭔가 확실하게 이뤄보세.

자네와 나의 짜디짠 인생을 위해 건배하겠네.

네가 "오케이" 하면 자네가 좋아하는 "올버디"를 외쳐주게나. "올버디"는 '올해도 서로 버팀목이 되어주고 디딤돌이 되어주자'는 뜻이라네.

친구 봉혁이 아들 준영이의 돌잔치

그동안 봉혁이에게 여러 번 술을 얻어먹어 봤으나 봉혁이 아들 덕분에 술 얻어먹기는 처음입니다. 요놈이 확실히 복덩이 맞네요.

오늘 우리 친구 아들 준영이의 첫 생일을 축하하기 위해 이렇게 아빠 친구들이 모였는데요, 원래는 준영이 친구들을 부르려고 했답니다. 그런데 아직 걷지 못한 애들이 있는 관계로 대신 아빠 친구들을 초대했다네요.

준영이 친구들을 불렀으면 적어도 술값은 아낄 수 있었을 텐데요?

아무튼 오늘 준영이 덕분에 마련된 자리인 만큼, 우리 준영이 건강하게 자라서 훌륭한 사람 되라고 건배구호를 "강남스타일"로 하겠습니다. 그 뜻은 '강인하고 남을 아끼고 스마트하고 타의 모범이 되고 일 잘하는 사람이 되라.' 입니다.

제가 "준영이의 장래를 위하여" 그러면 여러분은 "강남스타일" 하고 외쳐주십시오.

종림이 친구의 아버지 칠순잔치

제가 종림이 아버님을 처음 뵌 것은 초등학교 5학년 때입니다.

당시 아버님은 근처 면사무소에 다니셨지요. 일요일엔 출근을 안 하셨기 때문에 우리는 일요일이면 아버님 자전거를 운동장으로 끌고 나와 탔습니다. 그런데 언제부턴가 아버님이 일요일에도 자전거로 출근을 하시는 거예요. 알고 봤더니, 당시 산불이 자주 나서 봄철 내내 비상근무를 서는 거였습니다.

그때 토요일만 되면 비 내리기를 간절히 빌었던 생각이 나네요. 산불비상근무는 비만 오면 해제되었거든요.

묵묵히 공무원의 길을 걸어오셨던 아버님의 칠순을 진심으로 축하하며 건배하겠습니다. 구호는 "강장제"로 하겠습니다. '강건하게 장수하는 게 제일'이라는 뜻입니다.

제가 "아버님을 위하여!" 그러면 여러분은 "강장제"를 외쳐주십시오.

친구 민형이 결혼식 피로연

안녕하세요? 신랑 친구 오태석입니다.

저는 어젯밤에 한숨도 잠을 이루지 못했습니다. 내 친구가 내일이면 장가를 간다는데 걱정이 많았기 때문입니다. 그래서 저는 오늘 신랑 민형이에게 마지막으로 간절히 사정해보려고 합니다.

민형아! 잘 생각해 봐. 세상에 미숙 씨보다 돈 많고, 젊고, 예쁜 여자가 얼마나 많은지 아니? 지금이라도 늦지 않았어. 더 신중히 생각해 보지 않을래?

그래도 미숙 씨가 좋다고? 정말 후회하지 않을 자신 있어?

그렇다면 이 자리에서 맹세할래? 친구들이 보는 앞에서 네 마음을 담아 신부에게 멋진 프러포즈를 한 번 해봐.

여러분은 "뽀뽀해! 뽀뽀해!"를 외쳐주십시오.

친구 영만이의 결혼식 피로연

세상에는 혼자서도 할 수 있는 일이 있고, 반드시 둘이 있어야만 하는 일이 있습니다.

제 친구 영만 군은 저와 친구가 된 이래 많은 것을 함께했습니다. 자전거도 우리는 서로 밀어주고 잡아주며 함께 배웠고, 오락실도, 노래방도, 술집도 우린 동기입니다.

그래서 오늘 저는 친구를 신부에게 빼앗긴 기분을 떨칠 수가 없는데요, 앞으로 1년 안에 여친 한 명 소개시켜 주지 않으면 제 친구 반납 받겠습니다.

다행인 것은 예쁘고 착한 선희 씨를 만나, 그동안 우리 둘이 할 수 없었던 일을, 이제는 부부가 할 수 있겠구나 싶어서 마음이 한결 가

볍습니다.

이들의 앞날에 꽃길이 펼쳐지기를 기원하면서 건배하겠습니다. 건배구호는 "상사디아"로 하겠습니다. '상호간 사랑의 디딤돌은 아름다운 마음에서'라는 뜻입니다.

제가 "서로서로" 그러면 여러분은 "상사디아"를 외쳐주십시오.

친구 필식이의 결혼식 피로연

저는 신랑친구 김만식입니다.

신부가 다른 사람은 몰라도 저는 꼭 기억해야 할 필요성이 있습니다. 왜냐고요?

오늘의 신랑은 제가 키웠거든요.

무엇을 키웠느냐고요? 그건 비밀입니다. 그래도 궁금하십니까? 그러면 신부만 들으세요.

필식이는 제 훈련소 동기인데요, 처음 배급된 피복이 너무 크거나 작아도 바꿔달라는 소리를 못할 정도로 군기가 제대로 잡혔을 때입니다.

여러분이 보시기에도 제가 히프가 좀 크잖아요?

그래서 필식이 작은 팬티 제가 하룻밤 입고 자면서 크게 늘려주었습니다. 대신 저는 얼마나 힘들었겠어요.

이제 그 공을 갚으라고는 하지 않겠습니다. 대신 신부에게 부탁합니다. 우리 필식이 편하게 해주십시오. 참고로 필식이 팬티 사이즈는 105입니다.

이 부부의 편안하고 행복한 내일을 위해 건배하겠습니다.

구호는 제가 "편안한" 그러면 여러분은 "잠자리"해주십시오.

친구 병조의 결혼식 피로연

신랑 친구 김종필입니다.

이 친구와 난 고등학교 동창인데요, 피로 맺은 친구입니다.

내가 1년 선배인 우리학교 짱에게 불려가 실컷 두들겨 맞고 왔는데 이 친구가 복수를 하겠다고 나선 거예요.

그런데 그날 싸우고 돌아온 병조의 얼굴이 어땠는지 아십니까? 온통 피투성이였습니다. 나보다 더 많이 맞았더라고요. 내가 얼마나 미안했겠어요.

그때 병조가 나한테 이렇게 말했습니다.

"소문 내지마. 쪽 팔리니까."

그동안 정말 소문 안 내고 살았습니다. 그런데 오늘은 이 이야기를 꼭 해야겠습니다. 병조야, 그때 고마웠다. 이젠 예쁜 신부를 위해 그 용기를 써다오.

건배구호는 의리 있는 우리 병조 부부가 앞으로 행복하라고 "항아리"로 하겠습니다. '항상 서로를 아끼고 사랑하며 이해하라'는 뜻입니다.

제가 "항아리" 그러면 여러분은 "지켜라"를 외쳐주십시오.

친구 광우의 결혼식 피로연

안녕하세요. 신랑 광우의 친구 김정식입니다.

저는 오늘 드디어 친구 하나를 정리했습니다.

이제 술값 없다고 불러낼 일도 없을 것이며, 단체미팅하는데 짝이 안 맞는다고 불러낼 일도 없을 것이고, 대리출석을 부탁하는 일도 없겠지요? 신부에게 이 모든 짐을 넘기겠습니다.

아무리 사정해도 이제 안 들어주렵니다. 신부의 각오는 어떠한지 한 번 들어볼까요?

그래요. 이제 신부가 알아서 처리하십시오.

한 가지 팁을 드리자면 신랑 광우는 술만 취하면 혀가 굳어서 '사랑해'를 '나랑해'라고 말한다는 것 잊지 마십시오.

두 사람의 아름다운 나랑을 위하여 건배하겠습니다.

구호는 "오징어땅콩"으로 하겠습니다.

'오래오래 징그럽게 어울리며 땅땅거리며 콩닥콩닥 재밌게 살아라.'라는 뜻입니다.

제가 "사랑해" 그러면 여러분은 "오징어땅콩"을 외쳐주십시오.

○○건설 운수과 회식

차량 3대로 시작한 우리 운수과가 현재의 12대 규모로 확대된 것은 우리 회사가 그만큼 성장했다는 건데요, 차량이 네 배 많아졌어도 월급은 아직 네 배까지는 안 올랐지요? 그렇다고 실망은 하지 마십시오. 최소한 매년 4%씩은 오르고 있지 않습니까?

회사에서는 전문직의 처우에 대해 신경을 많이 쓰고 있는 것으로 알고 있습니다. 여러분이야말로 전문직 아닙니까?

주차하면서 보면 우리 기사님들은 적어도 3개 국어를 능숙하게 쓰시더라고요. "핸들 이빠이 꺾어" 영어 일어 한국어를 마구 섞어 쓰는데 놀라웠습니다. 여러분은 분명 글로벌 인재입니다.

오늘은 여러분 모처럼 운전대 놓고 편안하게 귀가 하시라고 건배 구호를 "대도무문"으로 하겠습니다. '대리운전 도착하니 무리해도 문제없다.'는 뜻입니다.

제가 "대리운전" 하면 여러분은 "대도무문"을 외쳐주십시오.

○○은행 ○○ 지점 회식

오늘 아침에 출근하는데 할머니 한 분이 기다리고 계셨습니다.
우리 지점 미스 한을 만나러 오셨더라고요.

내심 며느리감으로 지목한 미스 한을 졸라서 명함을 받아간 모양
인데, 저녁에 아들에게 보여줬더니 자기 전화번호와 사진을 주더랍
니다. 그래서 기쁜 나머지 한걸음에 달려 오셨다네요.

"할머니, 미스 한이 그렇게 맘에 드세요?"
할머니는 두말할 나위도 없다는 듯 "참해서 좋아" 그러시더군요.

여러분!
참하다는 말이 무슨 뜻입니까? 말쑥하고 곱다. 성질이 찬찬하고
얌전하다. 그런 뜻으로 알고 있는데요,

여러분!

지난해에 미스 한이 용감한 직원상 받은 거. 또 지난주 족구대회 때 반칙까지 해가며 몸을 날린 미스 한 덕분에 우리 지점이 1등한 거. 당분간 우리만의 자랑으로 여겨야 할 것 같습니다.

건배구호는 제가 "골드 미스" 하면 여러분은 "시집가라"를 외쳐주십시오.

○○회사 총무과 회식

해병대 출신의 남자와 살고 있는 한 여자가 음식솜씨가 없어서 늘 남편에게 핀잔을 들었답니다.

하루는 이 여자가 한 밥이 된밥이 되었는데, 수저를 든 남편이 "뭐야, 이거 밥이 너무 되잖아!" 그랬더니, 여자 왈 "안 되면 되게 하라! 당신이 그랬잖아?" 그러더랍니다.

음식은 못 해도 말은 잘한 모양이지요?

우리 총무과는 만능부서입니다. 그야말로 모든 것을 해내는 부서이지요.

앞으로도 안 되는 일 없이 다 해내자는 의미로 건배구호를 "안 되면 되게 하라"로 하겠습니다.

제가 "안 되면"하고 외치면 여러분은 "되게 하라!"를 외쳐주십시오.

○○대학교 축구부 회식

여러분! 오늘은 북한말로 건배제의를 해보겠습니다. 여러분도 아시다시피 골키퍼를 그들은 '문지기'라고 하고, 코너킥을 '구석차기'라고 한다지요? 또 프리킥은 '벌차기', 작전타임을 '분간휴식'이라고 한답니다.

축구에서 최고는 골입니다. 한 골을 넣기 위해 우리는 그동안 긴 시간 훈련을 해왔습니다. 이번 기회에 유감없이 상대편 골망을 흔들어봅시다.

건배구호는 북한 버전으로 "걱정 마시라우요"로 하겠습니다.

제가 "일 없습네까?"하고 물으면 여러분은 "걱정 마시라우요"를 큰 소리로 외쳐주십시오.

○○동주민센터 직원 회식

어젯밤에 김 주임으로부터 카톡이 왔는데, '김천으로 오세요. 김떡순' 이렇게 찍혀있더라고요.

저는 김떡순이가 누구지? 하고 떠올려봤지만 도무지 생각이 나지 않는 거예요. 그리고 김천이 여기서 얼마나 먼 곳인데 …? 하고 머뭇거리고 있는데 '띠링'하고 전화가 오는 거예요.

김 주임의 말이 가관이었습니다. 김밥 떡볶이 순대 먹으러 김밥천국으로 오라는 말이었습니다. '김천'이 김밥천국이고 '김떡순'은 김밥 떡볶이 순대랍니다.

골목상가 이용률을 높이는데 도움이 될까 싶어서 젊은 사람들이 많이 쓰는 축약어를 써봤다고 하네요.

건배하겠습니다. 구호는 "우문현답"으로 하겠습니다. '우리들이 걱정하는 문제의 답은 항상 현장에 있다.'라는 뜻입니다.

제가 "김떡순"하면 여러분은 "우문현답"하고 외쳐주십시오.

주식회사 ○○의 송년회

안녕하십니까? 총무과 웃음동이 김상우입니다.

먼저 저에게 건배제의 기회를 주신 이사님께 감사드립니다.

입사 이래 전 사원 앞에서 마이크를 잡은 게 오늘이 처음인데요, 이 순간이 저에겐 올 한 해 동안 가장 감동 깊은 시간으로 기억될 것 같습니다. 그래서 오늘 이 순간을 소중히 간직하기 위해서 건배구호를 "오늘은 선물이다."로 하겠습니다.

어제는 역사이고 내일은 수수께끼, 오늘은 선물이라는 말이 있습니다. 다시 오지 않을 오늘 이 순간을 위하여 잔을 듭시다.

제가 "오늘은" 하면 여러분은 "선물이다"를 외쳐주십시오.

○○상사 송년회

안녕하십니까? 자재과 얼짱 이순우입니다.

건배기회를 주신 부장님께 감사드립니다. 저는 자재과에서 재고 관리 업무를 맡고 있는데요, 한마디로 창고지기입니다.

재고를 쌓다보면, 너무 오래돼서 '이제 쓸모가 없겠구나!' 싶은 게 있어요. 우리 자재과에서는 이것을 재고라고 하지 않고 '아이고! 아부지'라고 합니다. 2년 전이죠? 저희 회사 신제품에서 원인모를 결함이 나타나 리콜사태를 겪은 적 있지 않습니까?

그때 서비스팀 김 대리가 오류를 찾아내 사태를 빠르게 해결한 적 있잖아요? 우리가 골동품이라고 부르던 구닥다리 제품을 해체해서 답을 찾아냈다고 합니다. 그때 김 대리가 애타게 찾던 그 구닥다리 를 발견하고는 "아이고! 아부지" 그러더라고요.

그때부터 우리 자재과에선 오래된 재고를 '아이고! 아부지'라면서 귀하게 대접을 하고 있습니다. 옛 것이 소중하다는 걸 깨달은 거지요.

오늘의 건배구호는 "우리 것이 좋은 것이여!"로 하겠습니다.

제가 "우리 것이"하면 여러분이 "좋은 것이여!"를 외쳐주십시오.

○○산악회 송년회

지순남입니다. 제가 오늘 제안하고자 하는 건배구호는 "비우자"입니다. 지난 주말 지리산을 다녀왔는데요, 그때 우연히 들른 작은 암자에서 만난 스님께서 들려준 이야기를 그대로 전하겠습니다.

그 암자에는 영험하다고 하는 바위가 하나 있었는데요, 저도 일행들과 함께 그 바위에 올라 기도를 하고 내려왔지요. 밑에서 지켜보던 스님이 한 말씀 하시더군요.

"이 바위는 무엇을 이루어 달라고 하면 아무 것도 들어주지 않습니다."

스님의 말씀인 즉, 이 바위는 비우는 기도를 들어주는 곳이랍니다. 본시 인간이란 욕심이 가득 차 있어서 더 이상 복을 주어도 채울 공간이 없으니, 여기서 비우고 가라는 것이었습니다. 많이 비우면 많이 채울 수 있다는 말씀도 덧붙이더군요.

방금 기도하고 내려온 사람으로서 속내를 드러낸 것 같아 참 부끄러웠습니다.

여러분! 한 해를 마감하는 오늘밤. 욕심을 조금 비웁시다. 새해 소원을 담을 공간이 필요하지 않겠습니까?

제가 "술잔은" 하면 여러분은 "채우자"를 외쳐주시고, 제가 "욕심은" 하면 여러분은 "비우자"를 외쳐주시기 바랍니다.

○○개발 송년회

안녕하십니까. 우리 회사 짠돌이 경리과 안해철입니다.

사실은 제가 최근에 피싱에 당한 적이 있습니다. 친한 친구로부터 문자가 왔는데, 급하다고 2백만 원만 계좌에 넣어달라고 하더라고요. 마누라한테는 비밀이라면서.

얼마나 다급했으면 그럴까 싶어서 곧바로 입금했는데, 그게 사기였답니다. 카톡으로 확인해 보려다 참은 게 화근이었습니다.

그런데 중요한 것은 그 친구가 "자네가 날 얼마나 신뢰했으면 확인도 안 하고 그랬냐?" 면서 반씩 부담하자고 백만 원을 보내주는 거예요.

'풍요 속에서는 친구들이 나를 알게 되고, 역경 속에서는 내가 친구를 알게 된다.'라는 말이 있습니다. 사기는 당했지만 전 참 행복했습니다.

연말입니다. 주변의 지인들에게 안부를 묻는 따뜻한 문자 한 통이 필요한 때입니다. 의자왕이 문자 안 받아서 백제가 멸망한 거 아시죠? 소통이 별것입니까?

오늘의 건배구호는 "소화제"로 하겠습니다. '소통과 화합이 제일이다'라는 뜻입니다.

제가 "급할수록" 하면 여러분은 "소화제"를 외쳐주십시오.

○○회사 송년회

기획팀 이재수입니다.

오늘 건배제의를 하게 돼 영광입니다.

연말 되니까 이것저것 챙겨야 할 게 많지요? 이럴 때일수록 정신 바짝 차려야 합니다. 술집이건 지하철이건 분실물이 가장 많이 쌓이는 때가 이 시기라고 합니다.

아무리 술이 취해도 자기 물건만큼은 잘 챙기는 사람 있습니다. 특히 담배 피우는 사람들, 다른 건 몰라도 담배하고 라이터는 꼭 챙기더라고요.

옛날에 자기 것에 집착이 강한 사람이 집에서 부인하고 심하게 다퉜답니다. 싸움 끝에 부인이 "니꺼 챙겨서 당장 나가라"고 했다네요. 그랬더니 이 남자가 와이프를 번쩍 둘러업고는 밖으로 나가더랍니다.

　연말입니다. 자기 가족, 자기 부서, 자기 친구, 자기 이웃을 한 번
더 챙겨보시기 바랍니다. 다 소중한 사람들이지요?

　건배구호는 "소녀시대"로 하겠습니다. '소중한 여러분 시방 한번
대봅시다.'란 뜻입니다.

　제가 "모두 다"하고 외치면 여러분은 "소녀시대"를 외쳐주십시오.

○○보험회사 송년회

안녕하십니까? ○○지사 올해의 보험왕 이순희입니다.

연말이라 실적 때문에 고생 많으셨지요? 저는 한석봉과 보험 이야기로 건배제의를 해보고자 합니다.

한석봉이 공부를 마치고 돌아와서 어머니께 인사를 올렸답니다. 그러자 "내가 떡을 썰 테니 넌 글을 써보도록 하거라." 그러면서 어머니가 떡을 썰기 시작했답니다.

불을 끄지 않고 떡을 써는 어머니를 보고 석봉이 "어머니, 불을 꺼야하지 않을까요?" 하고 물었답니다.

그랬더니 어머니 왈 "손 베면 니가 책임질래?" 그러더랍니다.

석봉이 보험회사를 찾아간 사연입니다. 그 다음날 석봉은 어머니 상해보험을 넣었다내요. 분명 우리보험회사로 왔다는데, 어느 지점에서 실적을 올렸을까요?

사람은 무엇인가를 얻기 위해 행동을 하고, 그 행동이 못 믿어서 보험을 든다고 하네요.

여러분!
오늘은 한석봉과 그의 어머니처럼 전문성을 갖추자는 의미로 건배구호를 "자전거"로 하겠습니다.
'자신감과 전문성을 갖추고 거리로 나서자' 라는 뜻입니다.

제가 "자전거"를 외치면 여러분은 "달리자"를 외쳐주십시오.

○○구 노인회 송년회

안녕하십니까? ○○구 노인회장 김은수입니다.

제 친구가 전철을 탔는데 경로석에 젊은 학생이 앉아있더랍니다. 그래서 타이르듯 "학생, 여기는 나이 먹은 사람이 앉는 곳이야" 그랬답니다.

그랬더니 학생이 대뜸 "저도 엄연히 돈 내고 탄 사람이에요" 그러더랍니다. 이 친구가 그때 뭐라고 한줄 아십니까? "여긴 돈 안 내고 탄 사람이 앉는 곳이라네." 그랬답니다.

요즘 우리 같이 나이 먹고 경로석에 앉아가는 사람을 '지공선사'라고 한다내요. '지하철 공짜로 타고 참선하듯 앉아서 가는 사람'이란 뜻이랍니다.

지공선사님들 요즘 도는 잘 닦고 계십니까? '나이 들면 그동안 눈에 안 보이던 게 많이 보이고, 아는 게 많아져서 못하는 게 많아진다.'고 했습니다. 점점 선사가 되어가는 것이겠죠?

오늘 건배는 선사답게 하겠습니다.
제가 "도를 아십니까?" 그러면 여러분은 점잖게 "인생 별거 아녀!"라고 외쳐주십시오.

○○전자 영업부 송년회

안녕하십니까? 서비스팀에 귀염둥이 최연수입니다.
제게 건배제의 기회를 주신 부장님께 감사드립니다.

지난 주 부장님과 함께 영업소 출장을 갔거든요. 그런데 일마치고
현지퇴근하면서 저에게 내일 가져오라며 맡긴 서류가 있었어요. 그
걸 그만 잃어버리고 말았습니다.

그런데 부장님! 저 사실은 술 먹고 서류 잃어버린 거 아닙니다. 서
류 잃어버리고 속상해서 술 마신 것입니다.

그래도 어찌할 줄 모르는 저에게 "실수도 약이다"면서 위로해주
고, 서류 다시 만드는 거 도와주신 부장님께 감사드립니다.

오늘은 한 해를 마무리하는 날입니다. 우리 영업부를 이끌어주신 부장님의 건강과 우리 직원 모두의 발전을 위해 건배하겠습니다.

건배구호는 "나기사기"로 하겠습니다. '나의 기쁨이 회사의 기쁨입니다.'라는 뜻입니다.

제가 "수고하셨습니다." 그러면 여러분은 "나기사기"를 힘차게 외쳐주십시오.

서울시 ○○연합회 송년회

안녕하십니까? ○○지부 안영혜입니다.

힘들었던 한 해를 잊고 새롭게 새해를 시작하자는 의미로, 제가 들었던 얘기 중에 쓸데없는 걱정에 관한 이야기를 소개하고자 합니다.

어느 수박장수가 신호를 무시하고 트럭을 운전하다가 경찰차를 발견하고는 골목으로 도망갔답니다. 경찰차를 따돌리려고 이리저리 골목을 헤매다가 결국 막다른 골목에 다다른 수박장수는 어쩔 수 없이 도망가는 걸 포기하고 차에서 내렸다네요.

이때 경찰차에서 내린 경찰관이 다가와 하는 말이 "수박 한 덩이 사먹기 더럽게 힘드네." 그러더랍니다.

여러분은 지금 쓸데없는 걱정을 하고 있지는 않나요? 사람들 걱정의 반절은 일어나지도 않은 일이고, 나머지 반절도 이미 지나간 일에 대한 걱정이랍니다.

연말입니다. 한 해 동안 있었던 근심 걱정 훌훌 털어버리고 새해를 맞이하자는 의미로 건배구호를 "속세탈출"로 하겠습니다. '속이 부글부글 끓는 세상을 탈출하려면 출발선에서 다시 초심으로.'라는 뜻입니다.

제가 "잊을 건 잊자!" 그러면 여러분은 "속세탈출"을 외쳐주십시오.

○○고교 동창회 송년회

할머니 셋이 정류장에 앉아 버스를 기다리고 있는데, 한 할머니가 하는 말 "난 요즘 건망증이 심해서 계단을 오르다가 한 번 쉬고 나면 올라가다 쉬는 건지, 내려가다 쉬는 건지 헷갈려서 모르겠어." 그러더랍니다. 그랬더니 또 한 할머니가 "아이고! 말도 마. 난 침대에 앉았다가 일어나면 누우려고 앉았는지, 자다가 일어나 앉았는지 당췌 헷갈려"그러더랍니다. 그러자 세 번째 할머니가 "근데 우리 지금 버스에서 내린 겨? 아님, 버스 타려고 기다리는 겨? 하고 묻더랍니다. 건망증도 때론 약이 됩니다. 한 해를 보내면서 화났던 일은 다 잊어버리고, 불쾌했던 기억은 지워버리고, 스트레스도 날려버리고 새롭게 시작합시다.

아름다운 우리들의 망각을 위하여 건배하겠습니다.

제가 "헌 것은" 그러면 여러분은 "가라!"를 외쳐주시고, 제가 "새 것은" 그러면 "오라!"를 외쳐주십시오.

○○동창회 신년회

트럼프와 김정은의 최근 말싸움을 보면 금방이라도 누가 한 방 날릴 것 같지요? 우리 어렸을 때도 보면 큰 싸움도 처음은 말싸움부터 시작하잖아요?

트럼프가 '로켓맨'이라고 놀리니까 김정은이는 바로 '늙다리'라고 받아치더군요. 둘다 성깔이 대단해 보이는데 앞으로가 걱정입니다.

두 사람은 링 위에 올라온 선수 치고는 누가 봐도 체급이 서로 맞지 않지요? 그런데 말입니다. 얻어맞고는 가서 꼭 형 데리고 오는 애들 있잖아요? 김정은이가 그럴 거 같아서 걱정입니다.

사람의 감정 가운데 가장 참기 어려운 게 노여움이라고 합니다.

'열 번 참아서 안 되면 백 번 참아라.'는 말이 있습니다. 새해에는 분노 안전장치를 꽉 잠그고, 상대를 존중하는 자세로 시작합시다.

오늘의 건배구호는 "화는 줄이고 웃음은 늘리자"로 하겠습니다.

제가 "화는?" 그러면 여러분은 "줄이고", 또 제가 "웃음은?" 그러면 여러분은 "늘리자"를 외쳐주십시오.

○○동직원 신년회

연말연시 여기저기 선물하다보면 신경 쓰이는 법이 하나 있지요? 이른바 김영란법이라고 하는데요.

이 법으로 인해 말수가 적어진 연예인이 있다고 합니다. "부탁해요!"를 입에 달고 살던 탤런트 이덕화 씨가 요즘 할 말을 잃었다네요. 그러면 제가 여기서 여러분에게 "잘 부탁합니다" 그러면 이것도 법에 걸릴까요, 안 걸릴까요?

제가 알아본 바로는 그게 문제가 아니고, 건배잔을 안 비우고 내려놓거나, 술병을 다 비우지 않고 남기면 재활용법에 걸린다는 얘기가 있습니다.

새해는 술을 술술 비우는 한 해 되시기 바랍니다. 먼저 옆자리 빈 잔부터 챙겨주십시오. 오늘의 건배구호는 "빈 잔을 부탁해요"로 하겠습니다.

제가 "빈 잔을" 그러면 여러분이 "부탁해요"를 외쳐주십시오.

○○시 체육회 신년회

문재인정부 두 번째 정무수석의 이름이 한병도입니다.

취임하자마자 야당 정치인들이 한수석의 이름을 가지고 한 마디씩 하더군요.

소주 한 병도 못 마시는 정무수석이 어떻게 야당의원들과 소통을 하겠느냐고 걱정 섞인 말을 하던데요, 소주가 사나이 가슴을 열게 만드는 건 맞는 모양이지요?

그런데 술 안마시고도 술자리 끝까지 지키는 무서운(?) 사람들 있잖아요? 한수석도 그런다네요.

술은 인류가 만들어낸 가장 아름다운 허무라는 주장이 있습니다. 오랜 시간 숙성시켜서 만든 것을 순간적으로 홀짝 마셔버리는 것이 너무 허무하다는 말인데요. 그건 비싼 술을 얘기하는 것이고요, 소주는 대량생산이 가능한 희석식입니다.

　새해에는 허무해도 좋으니 제발 비싼 술 마실 기회가 많아지기를 바라면서 건배하겠습니다.
　구호는 "한 병 더"로 하겠습니다.

　제가 "여기요?" 그러면 여러분은 "한 병 더!"를 외쳐주십시오.

○○중학교 학부모회 신년회

거리에서 젊은이들 옷차림을 보면 롱패딩 열풍을 가히 짐작할 수 있습니다. 평창 동계올림픽 공식 제품인 '평창 롱패딩'을 사기 위해 백화점 앞에서 노숙까지 하는 진풍경이 벌어지기도 했다네요. 문제는 가격입니다. 평균 30만 원을 웃도는 가격 때문에 롱패딩이 새로운 '등골브레이커'로 등극하는 것이 아니냐는 부정적인 시각도 있습니다. 제 딸이 롱패딩 안 입고 학교 갔더니 외국인 취급하더라네요. 그래서 제가 그랬죠. "롱패딩 입은 애들 보니까 꼭 김밥 돌돌 말아놓은 거 같더라." 그랬더니 우리 딸이 그러더군요. "아빠, 그럼 평창은 김밥천국이야?"

오늘은 새해를 따뜻하게 시작하는 의미로 구호를 "다습게"로 하겠습니다.

제가 "다함께" 그러면 여러분은 "다습게"를 외쳐주십시오.

○○상인회 신년회

저희 고향에서는 정월 초면 한 해의 운수를 점치는 게 유행이었습니다. 근처 점집이 성황을 이루었고, 아랫목에 온가족이 둘러앉아 토정비결을 넘겨가며 한 해 운수를 알아보곤 했지요.

가게를 하는 어른들은 이른바 마수걸이라고 해서 첫손님으로부터 받은 종이돈에 침을 퉤퉤 뱉은 다음 "돈 붙어라"하면서 이마에 붙이곤 했는데, 이것이 붙어야 장사가 잘된다고 여겼습니다.

이 때문에 손님들도 정초에는 물건 값을 깍지 않았고, "부자되세요." "많이 파세요."라고 인사를 했답니다.

고스톱을 치던, 당구를 치던, 골프를 치던 새해에는 마수걸이로 딴 돈을 가지고 한번 이마에 붙여보십시오.

물론 침을 몽땅 발라야 합니다.

오늘의 건배구호는 "마수걸이"로 하겠습니다.

제가 "마수걸이" 하면 여러분은 "부자되세요."를 외쳐주십시오.

건배구호 모음

건배구호 모음

가감승제	기쁨은 더하고 슬픔은 빼고 희망은 곱하고 사랑은 나누자.
갈매기	갈수록 매력 있고 기분 좋은 사람, 바로 여러분입니다.
강남스타일	강인하고 남을 아끼고 스마트하고 타의 모범이 되고 일 잘하는 사람이 되자.
강장제	강건하게 장수하는 게 제일이다.
개고생	개인고객을 항상 생명처럼 소중히 모시자.
개나리	계급장 떼고 나이 따지지 말고 릴렉스하게!
개나발	개인과 나라의 발전을 위하여!
개지랄	개성 있게 지성미와 발랄함을.
거시기	거절하지 말고 시키는 대로 기쁘게 먹자. / 거리낌 없이 시방부터 기운차게 전진하자. / 거절하지 말고 시방부터 기가 막히게 보여주자.
건배	건강은 배려하는 마음에서 온다.
건배사	건전한 마음, 배려하는 마음, 사랑하는 마음.
경포대	어떤 경우에도 포기하지 않고 대든다.
고감사	고맙습니다. 감사합니다. 사랑합니다.
고고고	술잔은 채우고 마음은 비우고 전통은 세우고. / 잘 먹고 잘 싸고 잘 웃고.

고도리	고통과 도전을 즐기는 리더가 되자.
고마움	고객의 마음을 움직이게.
고무신	고맙다. 무진장 신명나게 살자.
고사리	고마워요. 사랑해요. 이해합니다.
고진감래	고객을 진심으로 대하면 감동으로 돌아온다.
공무원	공무원은 무조건 원샷!
공일당일	공천이 제일이고 당선이 제일이다.
구구팔팔	99세까지 팔팔하게 살자.
구사일생	구차하게 살지 마라. 한 번 뿐인 인생.
국무총리	국가를 위하여 무거운 총대를 메고 이 목숨 다 바쳐 일하자.
국영수예체능	젊어서는 국영수가 실력이고, 늙어서는 체력이 실력이다.
국정농단	국회의원들은 국민을 위한 척 정치를 농단하지 말고 단번에 특권을 내려놓고 뼛속까지 개혁하라.
그래도	그래 내일은 도약할거야.
금상첨화	금쪽 같이 귀한 당신 상처받지 않도록 첨처럼 화끈하게 사랑할게요.
기숙사	기분 좋게 마시자. 숙취 없이 마시자. 사랑하며 마시자.
까불지 마	가스 조심하고 불조심하고 지퍼 함부로 내리지 말고 마누라만 생각해.
껄껄껄	좀 더 사랑할걸. / 좀 더 즐길걸. / 좀 더 베풀걸.
끈끈끈	업무는 매끈 술은 화끈 우정은 따끈!
나가자	나도 잘 되고 가도 잘 되고 자도 잘 되어야지. / 나라를 위하여 가정을 위하여 자신을 위하여!

나기대기	나의 기쁨은 대학의 기쁨.
나기사기	나의 기쁨이 곧 회사의 기쁨.
나만좋아	나이 먹을수록 만족해야만 좋은 사람, 아름다운 사람이 될 수 있다.
남존여비	남자가 존재하는 이유는 여자의 비위를 맞추기 위해서다.
남행열차	남다른 행동과 열정을 가진 차세대 리더. / (정권말기 버전)남보다 행동 조심하고 열심히 일해서 차기정부에 인정받자.
내시경	내 잔부터 시원하게 경쾌하게.
너나사	너와 나의 사랑을 위하여.
너나잘해	너와 나의 잘 나가는 새해를 위해. 너도 나도 잘해보자 해가 바뀌어도.
너의미소	너그럽게 살자. 의리 있게 살자. 미워 말고 살자. 소박하게 살자.
노발대발	노인도 발기해야 대한민국이 발전한다.
노총각	노하지 말고 총대 매지 말고 각 세우지 마라.
노털카	놓지도 말고 털지도 말고 카! 하지도 말고 마셔라.
누나 언니	누가 나의 편? 언제나 니 편!
니나노	니랑 나랑 노래하고 춤추자. / 니도 한 잔 나도 한 잔 노래방으로.
단무지	단순 무식하게 지금을 즐기자.
당기나기	당신이 기쁘니 나도 기쁘다.

당나귀	당신과 나의 귀한 만남을 위하여. /당신과 나의 사랑 귀신도 모르게.
당나발	당신과 나의 발전을 위하여!
당신 멋져	당당하게 신나게 멋지게 져주면서 살자. / 당당하고 신나고 멋지게 저지르자.
대나무	대화를 나누며 무한성공을 위하여!
대도무문	대리운전 도착하니 무리해도 문제없다.
덕향만리	덕의 향기로 만 리를 채울 사람을 기다린다.
도밀끌	도와주고 밀어주고 끌어주자.
돈키호테	돈 많고 키 크고 호탕하고 테크닉 좋은 남자가 좋다.
돌아이	돌 같이 단단하고 아름다운 우정으로 이 세상을 살아가자.
동방불패	동사무소 방위는 불쌍해서 패지도 않는다.
동백꽃	동화처럼 아름답게 백세까지 꽃피우자.
동사무소	동료를 사랑하는 것이 무엇보다 소중하다.
동서지간	동료끼리 서로 지켜주고 쓸데없이 간섭하지 말자.
뒤죽박죽	뒤지고 죽더라도 박고 죽자.
따봉	따지지 말고 봉사하자.
따스함	따뜻한 마음과 스마일한 표정으로 여러분과 함께하겠습니다.
뚝배기	뚝심 있고 배짱 있고 기분 좋게.
마누라	마음먹으면 누구인들 못 이기겠는가?
마당발	마주앉은 당신의 발전을 위하여!

마돈나	마지막에 오신 손님 돈 내고 나가라.
마무리	마음먹은 대로 무슨 일이든 이루자.
마스터	마음껏 스스로 터놓고 마시자.
마취제	마시고 취하는 게 제일이다.
마티니	마시되 티 내지 말고 니 알아서 마셔라.
막걸리	막힘없이 거리낌 없이 이대로 쭉 가자. / 막힘없이 걸죽하게 리드미컬하게.
막사발	막힌 곳은 뚫고, 사이가 안 좋으면 풀고, 함께 발맞춰 가자.
멘붕	맨날 붕붕 뜨세요.
명승부	명년에는 승진하고 부자 되십시오.
명품백	명퇴조심 품위유지 백수방지.
모바일	모든 것이 바라는 대로 일어나라!
무무무	세상에 공짜 없고 정답 없고 비밀 없다.
무소유	무한믿음으로 소신껏 지키고 유지하자 우리사랑.
무시로	무조건 시방부터 로맨틱한 사랑을 위하여!
무조건	무지 힘들어도 조금만 참고 건승하자.
무한도전	무엇이든 도와주자. 한도 없이 도와주자. 도와 달라하기 전에 도와주자. 전화하기 전에 도와주자.
무화과	무척이나 화려했던 과거를 위하여!
물안개	물론 안 되지, 개xx야!
미사일	미래를 위해 사랑을 위해 일을 위해. / 미치게 사랑했습니다 일찍부터.

미완성	미생 말고 완생하여 성공하자.
바다가제	바라는 대로 다 이루고 가는 곳마다 재수 보자.
바보	바라보면 바라볼수록 보고 싶다.
박보검	박수를 보냅니다. 올해 겁나게 수고하신 당신께.
박카스	박력 있고 카리스마 있고 스피드하게.
빠삐따	빠지지 말고 삐지지 말고 따지지 말고.
빠삐따용	빠지거나 삐지거나 따지면 용서하지 않는다.
빠삐용	빠지지 말고 삐지지 말고 용서하며 살자.
빨간내복	빨리 간다고 먼저 가는 건 아니다. 내가 지킨 교통질서 풀리는 복잡교통.
백두산	백세까지 두 발로 산에 오르자.
백설공주	백방으로 설치고 다니는 공포의 주둥아리.
변사또	변함없는 사랑으로 또 만나자. /변치 않고 사랑합니다 또 사랑합니다.
변호사	변함없이 호형호제하는 사나이 우정.
별천지	별별일 다 격어도 힘냅시다 천지가 바뀌어도 사랑합시다 지금까지 살아온 인생 후회하지 맙시다.
보나서	보다 나은 서로를 위하여!
부자유친	부드럽고 자상하고 유연하고 친절하게.
불주사	불만이 있어도 티내지 말고, 주머니가 비어도 티내지 말고 사주팔자려니 하고 즐겁게 살자.
비타민	비난만 하지 말고 타협하며 민주적으로.

비행기	비전을 가지고 행동으로 옮기면 기적을 낳는다.
사고무친	고스톱에서 포고까지 하면 친구가 없다. /네 명의 고수끼리는 절대 친할 수 없다.
사나이	사랑하는 사람의 나이는 언제나 이팔청춘이다.
사서함	사랑하고 서로 아끼고 함께 가자.
사우나	사랑과 우정을 나누자.
사우디 아우디	사나이 우정 디질(죽을) 때까지, 아줌마 우정도 디질 때까지.
사이다	사랑과 우정 이 잔에 담아 다함께 마시자. / 사랑합니다 이 생명 다 바쳐서. / 사랑합니다 당신 이 세상에 다시 태어나도 당신만을. / 사랑합니다 이만큼 다 뻥이야.
사화만사성	회사가 잘 돼야 모든 일이 잘 된다.
사형선고	사정과 형편에 따라 선택하고 고르자.
삼고초려	삶이라는 것은 고생 끝에 낙이다. 초조하게 생각 말고 여유롭게 파이팅! /세 명의 고수와 붙은 초보자는 걱정이 태산.
상부상조	상처 받지 않도록 부족한 것 껴안고 상호간에 노력하여 조직발전 도모하자.
상사디아	상호간 사랑의 디딤돌은 아름다운 마음에서.
상아탑	상심 마라 아직이다 탑이 되는 그날까지.
상한가	상심하지 말고 한탄하지 말고 가슴을 쫙 펴라.
새내기	새내기를 내 새끼처럼 기르자.
새옹지마	새처럼 옹졸하게 지랄 떨지 마라.
새우살	새해는 우리 살 빼자.

새신발	새롭게 신바람나게 발로 뛰자.
설악산	설악산아! 우리가 왔다 악을 쓰며 올라왔다 산을 사랑하는 우리 맘을 받아다오.
세우자	세계평화와 우리들의 우정과 자신의 건강을 위하여. /세게 우아하게 자신 있게. /세상도 세우고 우정도 세우고 자신도 세우자. / '세우자' 하면 남자들은 "빳빳이" 여자들은 "오래~ 오래오래". /세상도 세우고 우리도 세우고 자존심도 세우자.
소공동미칭유	소통 공감 동참 미소 칭찬 유머.
소나기	소통과 나눔으로 기쁨 두 배.
소나무	소중한 나눔의 무한행복을 위하여!
소녀시대	소중한 여러분 시방 한번 대봅시다.
소화제	소통과 화합이 제일이다.
소취하당취평	(소쥐하 당쥐핑) 소주에 취하면 하루가 즐겁고, 당신에 취하면 평생이 즐겁다.
속세탈출	속이 부글부글 끓는 세상을 탈출하려면 출발선에서 다시 초심으로. /속상한 세상을 탈출하려면 출출한 뱃속을 술로 먼저 달래주자.
성행위	성공과 행복을 위하여! 성공과 행복과 위기극복을 위하여!
스마일	스쳐도 웃고 마주쳐도 웃고 일부러 웃자.
시미나창	시작은 미약하였으나 나중은 창대하리라.
시발조통	시국의 발전과 조국의 통일을 위하여!

신대방	신년에도 대박 맞고 방긋 웃자.
싸가지	사회적 가치를 지향하며!
싸이	싸우지 말고 이 순간을 행복하게.
쓰죽	연금을 자식에게 다 주면 굶어 죽고, 조금 주면 시달려서 죽고, 안 주면 맞아 죽고, 에라 쓰고 죽자.
씨이오(CEO)	시원하게 이끌어주는 우리들의 영원한 오너.
아리랑	아름다운 이 순간 우리 낭랑하게 사랑을 외칩시다.
아바타	아름다운 사람들이 바라는 모든 것이 이루어지도록 타고난 저마다의 소질을 개발하자.
아우성	아름다운 우리들의 성공을 위하여.
아저씨	아자아자! 저무는 한 해는 잊고 시작하자 새롭게.
앗싸	아낌 없이 사랑하자.
아싸가오리	아끼고 사랑하며 가슴 속에 오래 남는 리더가 바로 여러분입니다.
아이유	아름다운 당신과 나 이뤄보자. 우리사랑 유엔미? /아름다운 이 세상 유감없이 살다 가자.
어머나	어디든 머문 곳에는 나만의 발자취를 남기자. 어디서나 머리 아프게 설치지 말고 나부터 챙기자.
얼씨구	얼싸안고 씨뿌리자 구석구석 우리사람.
여기저기	여러분의 기쁨이 저의 기쁨입니다.
여보당신	여유롭고 보람차고 당당하고 신나게.
여필종부	여자는 필히 종부세를 내는 남자와 결혼하라.

오리지날	오리도 지랄하면 날 수 있다.
오바마	오직 바라는 대로 마음먹은 대로. /오빠가 바라다 줄게 그냥 마셔./오래오래 바라는 대로 마음먹은 대로. /오는 잔바로 바로 마시자./오직 바라보는 건 마누라 뿐. /오! 바라만 보아도 좋은 마이 프랜드!
오비이락	오비 나니까 두 점 떨어져나갔다.(골프)
오이지	오늘처럼 이렇게 행복하게 지내자.
오징어	오래오래 징하게 어울리자.
오징어땅콩	오래오래 징그럽게 어울리며 땅땅거리며 콩닥콩닥 재밌게 살자.
오행시	오늘도 행복한 시간 되세요.
올보기	올해도 보람차고 기분 좋게.
올버디	올해도 버팀목이 되고, 디딤돌이 되자.
올파	올해도 파이팅.
올파파	올해도 파이팅하고 또 파이팅 합시다.
완하제	완벽하게 하는 게 제일이다. /완전하게 하는 게 제일이다.
용해제	용기 있게 해내는 게 제일이다.
우거지	우아하고 거룩하고 지성있게.
우문현답	우리들이 걱정하는 문제는 현장에 답이 있다.
우생순	우리 생에 최고의 순간을 위하여!
우아미	우아하고 아름다운 미래를 위하여!
우여곡절	가장 어렵게 지은 절.

우체통	우리들의 우정은 체면 보지 않고 변함없이 통한다.
우하하	우리는 하늘 아래 하나다.
우하하하	우리는 하늘 위해 하늘 아래 하나다.
우행시	우리들의 행복한 시간을 위하여!
웃기지마	웃을 일 많고 기분 좋은 일 많고 지퍼 마음 놓고 내리니 마누라 생각 없어 좋다.
원샷	원하는 방향과 거리만큼 샷은 정확하게.
유비무환	有비無환. 비가 오면 환자 없다(의사)
유산소	유쾌하게 산에 올라 소주 한 잔 마시자.
유산쏠	유쾌하게 산에 올라 쓸게주 한 잔 하자.
유유상종	유쾌하게 유머스럽게 상쾌하게 종일 마시자.
원더풀	원하는 대로 더 잘 풀리라고.
위하여	위기를 기회로 하면 된다 여러분과 함께라면./위기가 닥쳐도 하늘이 무너져도 문제없습니다 여러분과 함께라면.
이구동성	이번이 기회다. 귀(구)찮다 생각 말고 동행하여 성공의 길로 나아가자. (골프)세컨샷은 성공의 지름길.
이기자	이렇게 기분 좋은 자리 자주 갖자. /이런 기회를 자주 갖자.
이멤버 리맴버	이 모임에 멤버들을 영원히 기억하자.
이사우	이상은 높게 사랑은 넓게 우정은 깊게!
이영애	이 순간을 영원히 에헤라디야~
인문학당	인간적으로 멋지게 살자 문제가 있어도 시원하게 살자 학문을 닦으며 살자 당당하게 살자.

일파만파	한 사람이 파이팅하면 모든 사람이 파이팅 한다.
의자왕	의욕과 자신감을 갖고 왕창 돈 벌자.
원더걸스	원하는 만큼 더도 말고 걸러서 스스로 마시자.
인사불성	인간을 사랑하라. 불경에도 있고 성경에도 있는 말이다.
일십백천만	하루에 한 번 좋은 일을 하고, 열 번 웃고, 백 자 이상 쓰고, 천 자 이상 읽으며, 일 만 보 이상 걷자.
일취월장	(골프) 원 퍼트가 장타보다 낫다.
자전거	자신감과 전문성을 가지고 거리로 나서자.
잔나비	잔을 들고 나처럼 비우자.
장시호	장소 불문하고 시간 불문하고 호탕하게 마십시다.
재개발	재치 있고 개성 있고 발랄하게 살자.
재건축	재력 있고 건강하고 축복 받으며 살자.
저절로	저축하고 절약하는 노력을 하자.
적반하장	적당한 반주는 하느님도 장려한다.
전라남도	홀딱 벗은 남자 그림처럼 시원하게 마시자.
절세미인	절에 세들어 사는 미친 여자.
정력제	정열적으로 역동적으로 제일 먼저. /정신일도 역량강화 제일주의.
조국통일	조국은 하나다 국민이 주인이다 통일 되는 그날까지 일심단결.
조배죽	조직을 배신하면 죽는다,
조통세평	조국의 통일과 세계평화를 위하여!

주객전도	주인이나 손님이나 전부 돌았다.
주경야독	낮에는 약한 술 밤에는 독한 술.
주전자	주인의식을 갖고 전문성을 갖추고 자신 있게 살자.
죽마고우	죽도록 마주앉아 고스톱 치는 우정.
쫄바지	쫄지 마 바보야! 지금부터야.
중대장	중심 잡고 대동단결 장차 큰일을 해내자.
지사제	지금처럼 사랑하는 게 제일이다. 지금부터 사귀는 게 제일이다.
진통제	진짜로 통하는 게 제일이다.
지화자	지금부터 더 화끈하게 자존심을 높이자. 지속 가능한 화합은 자발적 참여에서.
진달래	진하고 달콤한 내일을 위해. 진자 달라면 줄래?
찬찬찬	희망찬 활기찬 가득찬.
참베즐	참고 베풀고 즐기자.
참이슬	참사랑은 넓게 이상은 높게 술잔은 평등하게. /참 오래간만 입니다. 이 순간을 오래 기다렸습니다. 이제 슬슬 드시지요.
천고마비	천하에 고독하고 마음씨 착한 비련의 여자를 위하여!
천만다행	천만 번 생각해도 다시 만나야 할 운명 다시 또 다시 행복 하게 사랑하자. /천 번 만 번 넘어져도 다시 일어나면 언젠 가 행운을 잡을 수 있다.
초가집	초지일관 가자 집으로. 2차는 없다.
최고다	최고의 서비스와 고객감동으로 정성을 다하여 모시자.

최순실	최고로 마시자. 순수하게 마시자. 실려 갈 때까지 마시자.
최여사	최고로 여성스러운 사모님을 위하여!
청바지	청춘은 바로 지금부터.
크레용팝	크! 한 잔하고 레(내)일을 위해 용트림 하며 팝콘처럼 튀어 보자.
탱탱탱	탱탱한 몸과 탱탱한 삶과 탱탱한 내일을 위하여!
통통통	의사소통 운수대통 만사형통(직업별 추가-의사:무탈무통, 점쟁이:신통방통, 통신사:전화한통, 개그맨:요절복통)
파란만장	파란색 돈 1만장이면 1억 원이 된다.
팔공산	팔십대까지 공도 치고 산에도 오르자.
포복절도	절도의 제일덕목은 포복을 잘해야 한다.
평화통일	평소에 도와주자, 화끈하게 도와주자. 통 크게 도와주자. 일 만들어서 도와주자.
풀풀풀	원더풀 비티풀 파워풀. 남자는 파워풀 여자는 뷰티풀 우리 모두 원더풀.
피장파장	피할 건 피하고 장려할 건 장려해 파이팅으로 끝을 장식 하자.
한가위	한 자리에 이렇게 가족들이 모두 모였으니 위로는 조상님 들의 축복입니다.
한우갈비	한 마음인 우리는 갈수록 비상한다.
항아리	항상 아름다운 이 자리를 위하여!
해독제	해가 지면 독한 술이 제일이다.

해열제	해보자 열심히 제대로. /해고무효 열 받는다 제 자리로.
허수아비	허허 웃고 수줍게 웃고 아름답게 웃고 비위맞춰 웃자.
화향백리 주향천리	꽃향기는 백리를 가고 술 향기는 천리를 간다.
환영회	환상적이고 영양가 있는 즐거운 회식자리를 위하여!
황당무계	황색 당근이 무게가 더 나간다.
해당화	해가 갈수록 당당하고 화려하게 살자. /해가 갈수록 당신만 보면 화가 나. /해달라고 할 때마다 당장 화끈하게.
해열제	해탈 열반 제대로.
흥청망청	흥해도 청춘 망해도 청춘.
힐러리	힐링하고 런닝하고 리딩하자.
119	1차만 한 가지 술로 9시까지만 마시자.
222	2가지 술은 섞지 않고, 2잔 이상 권하지 않고, 2차는 없다.
892	8시에 시작해서 9시에 끝내고 2차는 없다.
9988	99세까지 팔팔하게 살자.
9988231	죽기는 왜 죽어. 99세까지 88하게 살다가 2~3일 앓고 일어나자.
9988234	99세까지 팔팔하게 살고 2~3일 앓다가 죽는다. 99세까지 팔팔하게 살다가 23살짜리와 사귀자.
9988 7733 241000	99세까지 팔팔하게 살되, 칠칠맞지 않고 삼삼하게 살다가 2일만 앓고 사망하여 천당 가자.